LE BUDGET

DE LA

VILLE DE CAHORS

EN 1650

PAR

LOUIS GREIL

CAHORS

IMPRIMERIE DE A. LAYTOU, RUE DU LYCÉE, 34-36

—

1882

LE BUDGET

DE LA VILLE DE CAHORS

LE BUDGET

DE LA

VILLE DE CAHORS

EN 1650

PAR

LOUIS GREIL

CAHORS

IMPRIMERIE DE A. LAYTOU, RUE DU LYCÉE, 34-36

—

1882

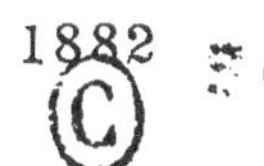

LE BUDGET

DE CAEN

UN BUDGET DE LA VILLE DE CAHORS

EN 1650

PAR M. L. GREIL (*)

Parmi les documents précieux pour l'histoire d'une ville, on doit mettre au premier rang ses anciens budgets. On peut les considérer comme le livre de raison de la cité, et presque comme la monographie de son administration municipale.

Malheureusement, à Cahors, ces documents que l'on devrait trouver par centaines, sont excessivement rares ; ils ont presque tous disparu à la suite de pillages, d'incendies, etc.

L'éminent chercheur et savant feu M. Emile Dufour, à qui l'on doit tant d'intéressantes publications historiques, a fait paraître dans l'*Annuaire du Lot* de l'année 1859, une très remarquable étude sur ces anciens budgets.

Il y a déclaré qu'il n'y avait que trois de ces comptes qui eussent survécu à la destruction, et il en a donné l'analyse.

L'un était du xvie siècle et les deux autres du xviie.

Les recherches des anciennes choses quercinoises auxquelles nous nous livrons continuellement, nous ont procuré, il y a peu de temps, la bonne fortune de retrouver un quatrième de ces budgets, celui de l'année 1650. Il est d'autant plus précieux que les détails donnés dans quelques articles de dépenses, en font un document qui permettra d'ajouter une page de plus à l'histoire de notre cité, et qui fera connaître la conduite de nos aïeux pendant une de ces années si troublées de la guerre de la Fronde.

Ce budget nous a paru intéressant, surtout au point de vue historique, et cela nous a fait prendre la détermination de vous le faire connaître et de vous donner une copie de tout son contenu.

Nous aurions pu nous borner à vous en donner seulement une étude et des extraits ; mais en ce faisant nous risquions de faire ressortir les choses qui

---

(*) Ce travail, envoyé au Concours ouvert en 1881 par la Société des Etudes, a valu à M. Greil une médaille de bronze.

nous auraient paru les plus curieuses et les plus utiles, et d'omettre celles qui, peut-être vous le paraîtront davantage, de sorte que, nous avons préféré vous laisser apprécier vous-mêmes toute la valeur de ce document et, malgré la longueur du travail qui nous paraîtra léger s'il vous est agréable, vous le donner en entier.

Vous trouverez certainement quelques chapitres un peu longs, mais vous voudrez bien considérer que nous ne pouvions pas les écourter ou les supprimer sans manquer à notre programme.

Le nombre des consuls de Cahors avait été à l'origine fixé à douze ; mais ce nombre a été souvent changé ; en 1419 il fut réduit à six ; en 1529 il fut remis à douze ; en 1538 il fut réduit à huit ; en 1668 il n'était plus que de quatre, etc.

Le mode d'élection de ces administrateurs a aussi subi des variations. Depuis l'origine jusqu'en 1641, il avait été d'usage que chaque consul désignait son successeur ; mais « les 27 et 28 décembre de l'année 1641, les con-
» suls dans l'assemblée générale convoquée dans la maison commune pour
» le bien d'icelle arrêterent et réglerent pour le bien public que les consuls
» ne se feroient pas comme auparavant, auquel temps chascun consul fai-
» soit son successeur et qu'il se fairoit à l'advenir par trente-deux électeurs
» qui seroient pris des corps de ville et de la bourgeoisie, pour par ce moyen
» empescher la brigue et le monopole qu'il y avoit......................

» Cette forme de faire les consuls fut discontinuée et interrompue (1) par
» une transaction de 1656 par la raison motivée et considérations portées en
» icelle, lesquelles ont toutes cessées depuis la translation de la cour des ay-
» des à Montauban, la qu'elle faisoit le sujet de toutes les divisions de la
» ville, par les entreprises continuelles des officiers d'icelle ; ces par ces mes-
» mes raisons que la forme d'eslire les consuls par des electeurs a été reta-
» blie par un arrest du conseil du 10 febvrier 1668. ».......

L'année 1650 (celle de notre budget) le consulat de Cahors se composait donc de huit consuls élus par 32 électeurs.

Ces consuls étaient :

> MM. Estienne Bouyssou, 1er consul.
> Jean Roaldès.
> Barthélemy Darnis.
> Guilhaume Vinnac, procureur de la cour des Aydes.

---

(1) Elle fut interrompue pendant 12 ans.

MM. Jean Perés, docteur et advocat.
Jean-Pierre Izarn, procureur.
Jean Chenaud, M° chirurgien.
Pierre Boudres.

Ce furent ces administrateurs qui, huit ans après la fin de leur gestion, vinrent en rendre compte devant les consuls de 1658, le scindicq et trente-deux auditeurs des comptes de la ville.

Depuis 1650, deux des administrateurs de cette année étant décédés, ils sont représentés, l'un M. Pierre Boudres, par ses hoirs, c'est-à-dire ses héritiers ; l'autre Guilhaume Vinnac, par sa fille, demoiselle Jeanne de Vinnac, assistée de son curateur M° Jean Borosse, procureur en la cour des aides ; M. Vinnac ayant été le consul recepveur, c'était à lui à qui incombait la plus grande responsabilité.

C'est le curateur de sa fille, M° Borosse qui, avec MM. Roaldès et Darnis « firent la remise dans la maison de ville le 25 janvier 1658 du compte au » vray et par le menu de l'administration tant des deniers ordinaires ; que » des patrimoniaux ; des extraordinaires et autres, maniés par le sieur Vin-» nac consul recepveur pendant l'année 1650. »

Il est à remarquer que les comptes de gestions ne se rendaient pas régulièrement et exactement. Cela avait donné lieu à de nombreuses réclamations, et à de nombreuses ordonnances qui n'avaient pas eu encore un plein succès ; néanmoins le fait de rendre des comptes, même au bout de huit ans, était un progrès sensible, car à des époques antérieures MM. les consuls trouvaient toujours moyen de n'en pas rendre du tout.

Notre compte est écrit sur un cahier petit in-folio de 68 feuillets chiffrés de 1 à 67, le 68ᵉ n'est pas chiffré. Il contient six chapitres de recettes et vingt-quatre chapitres de dépenses. Presque tous les articles qui composent ces chapitres sont apostillés en marge. L'écriture du compte proprement dit est assez belle ; celle des apostilles du règlement général et des articles ajoutés est excessivement difficile à lire.

Ce manuscrit est complet et en bon état.

Nous allons vous en donner la copie sur ce cahier du même format. Nous emploierons le même nombre de pages ; sur chacune nous mettrons les mêmes articles ; nous placerons les chapitres aux mêmes endroits ; nous les espacerons de la même manière ; nous n'ajouterons pas les mots oubliés ; nous ne supprimerons pas les articles rayés, au contraire nous les barrerons comme ils sont barrés ; nous maintiendrons les articles ajoutés, les apostilles ; en un mot, nous transcrirons scrupuleusement notre document tel qu'il est, sans en moderniser l'orthographe bizarre et inconstante ; nous lui conserverons son manque absolu de ponctuation, ses abréviations, son numérotage défectueux, etc.

Nous emploierons deux genres d'écriture : notre écriture ordinaire pour représenter celle du compte proprement dit ; une écriture penchée pour représenter celle des apostilles, des articles ajoutés, et du règlement général.

Enfin, nous tacherons de donner à notre copie, la physionomie exacte de l'original, afin qu'en lisant ce compte vous puissiez, pour ainsi dire, voir comment il était établi (1).

Nous espérons que ceux qui aiment à explorer le champ si vaste de notre histoire locale, trouveront dans notre travail des traces précieuses des mœurs, des usages, des préoccupations, des agissements de nos ancêtres.

Nous souhaitons qu'ils décident que notre espérance est bien fondée.

Nous croyons devoir donner quelques notes sur certains articles du budget dont nous venons de vous entretenir ; nous les indiquerons par un numéro à l'encre rouge et nous les mettrons à la suite de notre copie (2).

Nous avons puisé les renseignements dont nous n'indiquons pas les sources, soit dans des manuscrits dont nous sommes possesseurs, soit dans le glossaire de la langue Romane par M. Roquefort, soit dans d'autres dictionnaires du vieux langage.

---

(1) Il n'a pas été possible de conserver dans l'impression la physionomie du manuscrit de M. L. Greil ; de barrer certains articles, ni de mettre les apostilles malgré l'intérêt de quelques-unes.

(2) Ces notes ont été placées au bas des pages dans le bulletin.

BUDGET.

Cest le compte au vray et par le meneu que nous Estienne Bouyssou Bar-thélemy Darnis Jean Roaldès Jean Peres docteur et advocat Guilh⁰ Vinnac Jean Pierre Izarn procureur Jean Chenaux M⁰ chirurgien consuls de la ville de Caors l'année mil six cens cinquante conjointemant avec damoiselle Jeanne de Vinnac filhe aud. feu M⁰ Guilhaume Vinnac quand vivoit procu-reur en lad. cour des aydes consul recepveur Lad. année assistée de M⁰ Jean Borosse procureur en Lad. cour son curateur Et les hoirs de feu M⁰ Pierre Boudres procureur au présidial de la pnt ville et consul Lad. année pré-santons et randons devant vous messieurs les consuls de lad. ville scindiq et trente deux auditeurs des comptes de la ville ainsin quil est acoustumé Et ce touchant ladministration que les comptables ont eu pandant lannée de leur charge tant des deniers ordinaires que patrimoniaux de Lad. ville que des extraordinaires et autres maniés par led. feu Vinnac consul recepveur En la forme que sensuit.

CHAPITRE Ier.

RECEPTE ORDINAIRE DES ESMOLUMANTS DE LA VILLE SUIVANT LES ENCHERES SIGNÉES SAUX.

(1) Premierement lesmolumant de la barre ayant esté mis aux encheres en la forme acoustumée auroit este deslivré sur Jean Leygue comme dernier surdisant pour la somme de deux cens huittante cinq livres et par ce cy .... ij⁰ Lxxxv l.

(2) La barre et pontanage du pont vieux feust deslivré à Anthoine La-

------

(1) L'émolument de la Barre était le produit du droit d'entrée, (*du droit de barriere*) qui était perçu sur certains articles de consommation.

Les paysans disent encore de nos jours : *aï poga lo borriero*, pour avertir qu'ils ont acquitté le droit d'entrée.

Le nom de Barre avait été donné à cet impôt, parce que aux entrées des villes, des ponts, des chemins, il y avait autrefois une barre, ou une poutre montée horizontalement à une de ses extrémités, sur un pivot, avec laquelle on permettait ou l'on fermait le passage.

Dans certaines localités cette barre est encore en usage.

(2) Le pontanage (pontonnage) était le nom du même impôt perçu sur les articles arrivant par eau.

combe comme dernier surdisant pour la somme de trois cens huittante quatre livres résultant du contrat sur ce passé et par ce cy.....   ij^c iiij^{xx} iiij l.

La **Barre** et pontanage de Valendres feust deslivré à François Boy dernier surdisant pour la somme de huittante six livres appert du contrat sur ce passé cy...   iiij^{xx} vj l.

(1) Lesmolumant de la Bladerie sur Estienne Aulhac dernier surdisant pour la somme de deux cens trente livres appert du contrat sur ce passé cy...   ij^c xxx l.

Le poids grossier feust deslivré sur Loujou Bonis pour la somme de cent trente cinq livres appert du contrat sur ce passé cy........   j^c xxxv l.

Les greffes seau et péage de Trespoux Villeseque et Rassiels sur Vialate praen. pour la somme de quarante cinq livres appert du contrat sur ce passé cy...   xlv l.

(2) Le salin feust deslivré à Michel Ayraud pour le somme de trente livres appert du contrat surditte sur ce passé cy....................   xxx l.

(3) Le droit du rivage du pont neuf feust deslivré sur Jean Campaigne pour la somme de cent nonante six livres appert du contrat sur ce passé cy...   j^c iiij^{xx} xvj l.

'4) Le frans du parvilhé sur Pierre Ayraud pour la somme de huit livres dix sols appert de la surditte cy........................   viij l. x s.

(5) La maison de St Mary et herbages des fossés sur Anth^e Manhac pour la somme de trente sept livres cy........................   xxxvij l,

La tour et corps de garde du Pont Neuf sur Louis Auriere à la somme de vingt six livres appert de lacte de surdicte cy................   xxvj l.

Les deux gabions du Pont Neuf ne se treuva aucun surdisant.

---

(1) L'émolument de la Bladerie, était le produit de la halle au blé. Celle-ci est encore de nos jours nommée en patois *lo Blodorio*.

(2) Le salin, était le grenier à sel.

(3) Le droit de rivage du Pont-Neuf. était équivalent à celui de pontonnage (voy. note 2).

(4) Le frans (le franc) du Parvilhé (aujourd'hui Port Bullier) était le produit de la location d'étables à porcs.
A cette époque on nommait encore le franc une étable à porc.

(5) La maison St-Mary était un très ancien bâtiment situé dans la grande plaine qui est à l'ouest du faubourg de Labarre, derrière les remparts, du côté de la ville ; ce bâtiment avait été primitivement un oratoire élevé en l'honneur de St Namphase ; il fut ensuite (en 1508 d'après Fouilhiac) transformé en léproserie, et après il demeura sans aucune destination officielle. Les consuls le louaient à des particuliers.

La première Cabancte du Pont Neuf sur Raymond Fraissé à la somme de quatre livres appert de lacte de surdite et par ce cy............ iiij l.

La seconde sur Jean Escrousailh à la somme de quatre livres appert de lacte de surdite cy................................... iiij l.

La troisie. avec celle de devant à la somme de trente sols sur Jeanne Delhevilh appert de l'acte de surdite cy................... iij l. x s.

(1) Les deux esmolumants du Souchet et de la dasse auroient esté deslivré à 2580 l. sur Cabessut cordonnier et par ce quil ne se trouva point de caution ils feurent remis de nouveau aux encheres et enfin à faute de surdisant bailhés à Raimond Lafargue Jean Pradié Jean Gaubert et à Guilhaume Delom cordonnier pour le prix et somme de deux mil livres cy.... ij^m l.

Les contables demeurent de plus chargés en recepte de la somme de cinquante six livres de lafferme de la chambre damcur (2) ensemble de trente livres de la poissonnerie et de trente sols du patus de devant la maison de ville reunis en tout à............................. iiij^xx vij l. x s.

CHAPITRE II.

AUTRE RECEPTE EXTRAORDINAIRE FAICTE EN LAD. ANNÉE TANT POUR LA TAILHE TAILHON QUE SEIZIER DE LA ROCQUE.

Premieremant est icy fait recepte de la somme de vingt neuf mille neuf cent cinq^to sept livres cinq sols huit deniers contenue aux quatre rolles de la tailhe de lad. année résultant des quatre livres et rolles dicelle sauf à coucher cy après en reprinse pour deniers comptés et non receus les exemptions trop

---

(1) Les deux émoluments du souchet et de la dasse (on disait aussi soquel et dace), étaient le produit de l'impôt que les hostes, cabaretiers, vendeurs de vin de Caors ou faux bourgs dicelluy débitaient pendant l'année.

Le sourquet était le droit de débit.

La dasse le droit d'entrée, le droit de douane.

Les bouchers payaient les mêmes impôts pour la viande.

Il y avait aussi un impôt de dasse sur certaines marchandises qui entraient en ville.

(2) La chambre d'Amour était une maison commune des consuls, ils en percevaient les loyers et fermages de personnes qui y emmagasinaient des marchandises diverses. Lacroix, *Evêques de Cahors*, traduction de M. Ayma, t. II, page 153 (et en note). La même probablement que les titres du Moyen-Age appellent *camera pacis*, chambre de paix, et que les lexiques interprètent *Chambre commune*.

alivrés gage des alivrateurs non valeur façon des rolles droit de collecte et le reste de ceux qui doibvent encore leurs Items de tailhe comme sera cy après représanté et par ce cy en recepte cy................ 29957 l. 5 s. 8 d.

Comme aussy font recepte de la somme de quinze cens trente neuf livres sept sols sept deniers du seizie de La rocque fournie par les consuls dud. lieu aux contables et par ce cy en recepte cy..... 1ᵐ vᶜ xxxix l. vij s. vij d.

CHAPITRE III.

AUTRE RECEPTE FAICTE LAD. ANNÉE MIL SIX CENS CINQUANTE DE LA RANTE DE LA VILLE SAUF LA REPRINSE.

Premierement :

Les hoirs de Furne cinq sols cy	v s.
Les hoirs de Jacques Darnis cinq sols cy..............	v s.
Anthoine Flary tinturier huit sols cy................	viij s.
Les hoirs de Mousset cinq sols cy.....................	v s.
Hoirs de Delbru six sols cy..........................	vi s.
Anthoine Jourdanet quatre sols cy....................	iiij s.
Hoirs de Barthélemy Petit cinq sols cy	v s.
Hoirs de Jauffreau vingt cinq sols cy................	xxv s.
Hoirs de Lestanig deux sols cy.......................	ij s.
Hoirs de Guinot Carrié deux sols cy..................	ij s.
Jean Inbert un sol huit deniers cy...................	j s. viij d.
Hoirs de Castelnau de Régannes cinq sols cy..........	v s.
Hoirs de Monsieur Cazes pbre cinq sols cy............	v s.
Hoirs Daudubert cinq sols cy.........................	v s.
Hoirs de M. le docteur Barbé cinq sols cy............	v s.
Anth. Arlan Duran dix sols cy........................	x s.
Joseph Lauriesque trente sols cy	xxx s.
Hoirs de Sahuguet de Limonhe seize sols huit deniers cy.	xvj s. viij d.
Claude Mahaz cinq sols cy............................	v s.
Hoirs de Coulau dit Pechayré seize sols huit deniers cy.	xvj s. viij d.
Monsieur Le franc docteur régeant dix sols cy.........	x s.
Monsieur de Busis procureur cinq sols cy.............	v s.
Monsieur Dufour cenᵉʳ un sol cy...·.................	j s.
Monsieur Rieusal adᵗ dix sols cy.....................	x s.
Monsieur Velbezé dix sols cy	x s.

Monsieur Jacques pbre six sols cy...................... vj s.

Anthoine Berthomieu chaussatier vingt sols cy......... xx s.

Monsieur Vaysset president pour le pred^e trois livres cy. iij l.

Jean Racounieres mareschal six livres cy.............. vj l.

Monsieur Dufay con^{er} six livres cy...................... vj l.

Pier Delsoy et Anthoinette de Bertrand vingt sols cy.... xx s.

Plus pour la rante de huit quarthes bled fromant de la rante que la ville a sur le molin Sainct Jacques de lad. ville et partant est icy fait recepte de la somme de.. xlvj l. viij s.

Les contables demeurent chargés en recepte de la somme de septante huit livres dix sept sous neuf deniers pour toutes les rantes de la ville conformémant aux comptes présants comprins les viij q^{tes} from^t de la rante du moulin St Jacques à v l. xvj s. la quarte suivant la valeur sauf à leur estre alloué reprinse et réduction comprenaut reminse à qui est acostumé et passé pour ce cy .... lxxviij l. xvij s. ix d.

<h2 style="text-align:center">CHAPITRE IV.</h2>

AUTRE RECEPTE FAICTE LAD. ANNÉE SUR LE RECOUVREMANT DES GAGES DE MESSIEURS DE LUNIVERSITÉ.

Est jcy faict recepte de la somme de deux mil trente trois livres six sols huit deniers quy a esté receue du sieur Main fermier recepveur en leslection de Figeac sur ce que sa recepte doibt fournir pour les gages desd sieurs de Luniversité et par ce cy en recepte.......... ij m xxxiij l. vj s viij d.

Comme aussy font recepte de la somme de six cens trente trois livres six sols huit deniers quy a esté receue du sieur Garisson recepveur à Montauban pour les deniers imposés en lannée de ce compte pour lad. université et pour le parfait de l'article précédant et suivant de la somme de deux mil sept cens livres des gages ord^{res} de lad. université outre les deux cens livres que les consuls de Montauban retiennent sur les deniers et par ce cy........................ vj c xxxiij l. vj s viij d.

Davantage font Recepte de la somme de trente trois livres six sols huit deniers qui a esté receue du Comis du sieur Filhol recepveur pour les gages de luniversité de lad. année cy................. xxxiij l. vj s viij d.

Somme deux mille sept cens livres.

CHAPITRE V.

AUTRE RECEPTE FAICTE AUSSY EN LAD. ANNÉE TANT A CAUSE DES AMENDES ORDONNÉES AU PROFFIT DE LA VILLE QUE POUR LA RECEPTION DE QUELQUES M^s ET HABITANS.

Les contables demeurent chargés en recepte de septante sept livres dix sous aux quelles ont esté trouver monter les reminses sur les regres de la maison de ville toutes les amandes et receptions dhabitans pendant l'année du compte cy... Lxxvij l. x s.

CHAPITRE VI.

AUTRE RECEPTE FAICTE LA D. ANNÉE EN LA SOMME DE HUIT CENS LIVRES POUR FAIRE LES FORTIFICATIONS ET RÉPARAONS AUX PORTES ET MU-RAILHES DE LA VILLE SUIVANT LES DESLIBÉRATIONS.

Suivant les deslibérations de la communauté auroit esté emprunté du scindiq de lospital St Jacques la somme de huit cens livres de la quelle luy auroit esté passé obligation ensemble de cinquante livres pour lintherest de de lad. somme pour lad. année appert de lad. obligation et deslibération receue par Saux nre et secrettaire de la Maison de ville et par ce cy compté huit cens livres.. viij c l.

Plus font recepte de la somme de mil livres empruntées de Monsieur de Montbrun suivant la deslibération de la communaulté cy en compte   1 g l.

Plus de la somme de six cens livres empruntée de Monsieur Dolive en lannée 1649 suivant les deslibérations de la communaulté cy en recepte cy.. vj e l.

Somme huit cent livres.

CHAPITRE Ier

DESPANCES ORDINAIRES FAICTES PAR LES CONTABLES SUR LES PRÉCEDANTES RECEPTES.

Premieremant à un pbre qui a dict la messe a la chapelle du st Esprit le second jour de Lan luy a esté payé dix sols six deniers cy....   x s. vj d.

Pour la dragée quy se donne à la Maison de ville Le premier dimanche delan aux petits enfans escoliers des basses classes suivant la coustume deux livres cy..   ij l.

(1) Pour quatre flambeaux pour la procession des huitiesme febvrier quatre livres cy..   iiij l.

Pour trente deux sierges donnés a lhonneur de la ville suivant la coustume à toutes les paroisses et couvants Et deux à la grande esglize le jour du Judy St pour les alumer devant le s^t sacremant ayant pesé Trente deux Livres à raison de vingt sols la livre cy....................   xxxij l.

Des armoiries de la ville mizes ausd. sieges une livre dix sols cy   j l. x s.

Appert de quittance cy cott. n° 1.

Pour les Robes consulaires en nombre de huit huit cens livres.   viij ^c l.

Pour les robes des sergens de dix huit livres chacune la somme de cent quarante quatre livres cy....................................   j^c xliiij l.

Pour les gages de l'exécuteur de la haute justice la somme de dix huit livres cy..   xviij l.

Pour la casaque dud. exécuteur la somme de quatorze livres cy   xiiij l.

Pour les gages des huit sergents à raison de cinquante sols par mois à chacun et trois livres au sergent trompette deux cens quarante six livres cy..   ij ^c xlvj l.

---

(1) Nous avons trouvé dans le *Manuale proprium Parochorum Cadurcensium*, imprimé à Cahors chez Jean Dulvy en 1619, parmi les fêtes chômées :

8 Février :   « Le matin pendant les offices divins, et la procession pu-
    « blique, en mémoire et action de grâces, pour la déli-
    « vrance et la cité de Caors, des mains, et occupations de
    « ceux de la prétendüe religion réformée.

Dans un autre *Manuale Parochorum et Sacerdotum, ad usum insignis ecclesiæ et diocesis Cadurcensis*, imprimé à Cahors chez Jacques Rousseau en 1593, nous avons trouvé que cette procession avait été instituée en 1582, par Monseigneur Antoine Ebrard de St-Sulpice.

Pour les flambeaux de la procession de la feste Dieu octabe et penitants douze livres cy... xij l.

Au Recteur et pbre obituaire de la Daurade pour la rente que la ville leur fait tous les ans treize sols appert de quittance cy......... xiij s.

Cottée nº 2.

A la prieure du couvant de la Daurade pour la rente que la ville leur fait deux livres quatre sols cy.............................. ij l. iiij s.

(1) Pour les frais des assizes que les Consuls vont faire à St Ciricy six livres cy.. vj l.

Pour le feu de joye ou collation du jour de la feste St Jean Baptiste douze livres cy.. xij l.

De deux flambeaux pour alumer le feu de joye deux livres cy.... ij l.

Pour une roue de bougie de cire jaune quon donne à lesglize St Jacques de la pnt ville six livres dix sols cy........................... vj l. x s.

A Monsieur Richard procureur de la ville au parlemt de The pour sa pantion dix livres appert de quittance cy.............................. x l.

Cotté nº 3.

A Monsieur Filhol adt scindiq pour ses gages de la ville quinze livres appert de quittance cy... xv l.

Cotté nº 4.

Au procureur de la ville au senal de Caors six livres quinze sols appert de quittance cy... vj l.

Cotté nº 5.

Au secrettaire de la maison de ville pour ses gages treize livres cinq sols appert de quittance cy.................................. xiij l. v. s.

Cotté nº 6.

Aux violons comme appert du mandems et quittance douze livres cy xij l.

Cotté nº 7.

Pour les estrennes des quatre couvants mandiants une livre cy... j l.

Pour la pantion que la ville faict tous les ans aux peres Jesuites deux cens livres comme appert de quittance cy...................... ijc l.

Cotté nº 8.

---

(1) C'est vraisemblablement à cause de ces assises que les Consuls allaient tenir à St-Ciricy, Bégous, la Capelle qu'ils se disaient : Seigneurs et Juges de ces lieux, lorsqu'ils eurent acquis la noblesse de cloche. Le genre de noblesse ainsi nommé avait été accordé à ceux qui avaient été consuls, maires, échevins,

Pour les gages de celuy qui gouverne lorloge douze livres cy...   **xij l.**

Albiquié en qualité dexact^r sest payé de lad. somme par ses mains.

Pour les fraix des assizes que les consuls vont faire a la Capelle le premier daoust six livres cy...   **vj l.**

Pour quatre flambeaux pour la procession de N^{re} Dame daoust quatre livres cy (1)..   **iiij l.**

Pour six siezes donnés à la chapelle St Roch six livres cy......   **vj l.**

Pour les messes et offrandes dud. jour St Roch que les consuls font dire douze sols cy..   **xij s.**

Pour la messe que la ville fait dire tous les jours a la grande esglize soixante livres comme appert de cinq quittances cy..............   **lx l.**

Cotté n° 9.

Pour les assizes que les consuls vont tenir à Begoux le jour de St Martin six livres cy...   **vj l.**

(2) Pour quatre flambeaux de la procession du jour St Abdon et Sennen quatre livres cy...   **iiij l.**

(3) Pour la pantion ou rente que la ville donne au seigneur Evesque cent livres comme appert de quittances cy............................   **j^c l.**

Cottée n° 10.

---

(1) Procession générale qui se faisait dans l'église Cathédrale, avec le Saint Suaire, après vêpres, pour accomplir le vœu de Louis XIII, le 15 août.

(2) La fête des Sts Abdon et Sennen n'était pas chomée; mais le 30 juillet de chaque année il était fait une procession du Saint Suaire de la Cathédrale de Cahors à la chapelle de Notre-Dame du Pont Vieux en souvenir « du Rachapt du Roy Jean II des mains des Anglais, arrivé ce jour là ».

D'autres disent, entr'autres M. Montaigne dans sa *notice sur la Sainte Coiffe* : Le 30 juillet on portait le St-Suaire en procession, en reconnaissance de ce qu'après un vœu fait au St-Suaire, la ville avait été délivrée de la peste.

(3) Cette rente était très ancienne; elle date de 1351; elle est mentionnée dans l'acte du 3 mai de cette année, passé entre les consuls et l'évêque en ces termes : « Mais les susdits consuls actuels, pour eux et pour leurs succes-
» seurs les consuls de Cahors, a la place et au nom du consulat et de la com-
» mune doivent obligatoirement donner, bailler et payer à perpétuité au
» seig^r évêque et à ses successeurs et à l'église de Cahors, par suite des con-
» cessions, arrangements, transaction et accords présents, cent livres tour-
» nois de redevance ou de revenu annuel, sans autre droit de seigneurie ou
» de taxe féodale. Cette rente sera acquittée et payée désormais chaque an-
» née, à perpétuité, à Cahors, aux échéances suivantes : le 1er tiers desdites
» cent livres le jour de la Toussaint ; le 2e tiers le jour de la Purification de

Passé suivant le mandemant pour le banquet de la feste Dieu trente deux livres appert du mandem^t cy........................... xxxij l.

Cotté n° 11.

Pour les chandelles que la ville donne à Messieurs les consuls nonante six livres appert de sept quittances tant desd. chandelles que des robes desd. sieurs consuls et par ce cy........................... lxxxxvj l.

Cottées n° 12.

Pour les chandelles des huit sergens pour fermer et ouvrir les portes pandant l'année la somme de cinquante sept livres douze sols cy.   lvij l. xij s.

Pour la messe et offrande quy se dit le jour quon sort de charge dix sols six deniers cy........................... x s. vj d.

(1) Au verguier et portier de lad. esglize vingt sols cy........ xx s.

Pour le disner ou souper du jour quon sort de charge y ayant falleu extraordinaire à cause quil faleust inviter monsieur de Cambolas con^{er} au parlemant de Th^e et député par la cour pour venir assister à la créa͞on de nos successeurs à cause de la rareté des vivres Messieurs Daussonne p. f. de Regourd juge mage et autres y assistoint cent trente cinq livres, et par ce cy........................... j^c xxxv l.

De deux bathelees Bois pour tout le long de lannée ou pour la faire porter a la maison de ville ou la faire fandre sive asclat quarante cinq livres cy........................... xlv l.

Pour deux cens fagots de sermants ou du port cinq livres cy..   v l.

Demeure finallemant compté en despance la somme de vingt quatre livres pour vingt quatre flambeaux sire jeaune pezant vingt quatre livres employés suivant la coustume à faire compagnie à tous ceux quy acistent aud. soupé cy........................... xxiiij l.

» la Bienheureuse Vierge Marie, et le reste le jour de l'Ascension de Notre
» Seigneur. Et ainsi tous les ans à perpétuité. Lesdits consuls de Cahors,
» sous l'expresse obligation de tous les biens meubles et immeubles, présents
» et futurs du consulat et de la commune, promettent et bailleront au seig^r
» évêque, qui les recevra au lieu et nom de son église, lesdites cent livres
» de rente et de redevance annuelle, stipulant solennellement que cette
» rente est acquittée et payée à lui et à ses successeurs les évêques de Cahors
» et à son église de Cahors, à partir de ce moment, annuellement à perpé-
« tuité, à Cahors, aux trois échéances ci-dessus fixées, sans litige possible,
» ni contradiction ni échappatoire. »

(1) Le Verguier était le Bedeau; on le nommait vulgairement verguier parce qu'il portait une verge comme attribut de ses fonctions.

Pour les gages du prédicateur de ladvant ou Caresme a esté payé la somme de quarante cinq livres cy............................... xlv l.

Appert de quittance cy cottée n° 13.

Pour les gages dus aux Regens abecedaires cent cinquante livres comme appert des quittances desd. regens cy........................ jᶜ ll.

Cy cottées n° 14.

CHAPITRE II.

AUTRE DESPANCE FAICTE POUR LE PAYEMᵗ DES GAGES DE MESSIEURS DE LUNIVERSITÉ DE LA PRESANT VILLE.

Premieremant le despartemant de la somme de deux mil sept cens livres auroit esté faitte suivant le quel auroit esté payé a monsieur Le franc doyen de luniversité la somme de cinq cens livres appert du d. despartemant et de la quittance dud. sieur Le franc et par ce cy................. vᶜ. l.

N° 1 et 2.

Monsieur Dolive a esté payé la somme de quatre cent quarante quatre livres cy.................................... iiijᶜ xliiij l.

N° 3.

Monsieur Valet a esté payé quatre cens livres cy............ iiijᶜ l.

N° 4.

Monsieur La coste a esté payé quatre cens livres cy.......... iiijᶜ l.

N° 5.

Au pere Mesplede a esté payé cent trente deux livres dix sols cy.. jᶜ xxxij l. x s.

N° 6.

Au pere Rieusal la somme de cent trente deux livres dix sols appert de quittance cy .... jᶜ xxxij l. x s.

N° 7.

A Monsieur Durier la somme de cent trente deux livres dix sols cy... jᶜ xxxij l. x s.

Appert de quittance cy cottée n° 8.

Au Père Joachin la somme de cent trente deux livres dix sols appert de quittance cy .... jᵉ xxxij l. x s.

N° 9.

A M. Ouvrier cent trente deux livres dix sols appert de quittance cy.. jᶜ xxxij l. x s.

N° 10.

Aux peres Cordelliers pour le prest de la classe vingt livres appert de quittance cy dessus n° 7 cy................................... xx l.

Au pere Gratian cent quarante deux livres dix sols comme appert de quittance cy..................................... jᶜ xlij l. x s.

Au consul Bourcier pour les fraix du gouvernemant cinquante livres cy... l l.

A M. Durand la somme de cent vingt cinq livres appert de quittance cy....................................... jᶜ xxv l.

Cotté n° 12.

Somme deux mille sept cens livres.

CHAPITRE III.

DESPANCE A CAUSE DES PAYEMENTS FAITS AU COMIS A LA RECEPTE DE LAD. ANNÉE.

Premieremant par les mains de monsieur Chenaud consul et exacteur la somme de six cens livres appert de quittance signée de Brunel et acte du dixie. sept. mvj cinquante et par ce cy........................ vjᶜ l.

Cottée n° 1.

Par les mains du sieur Vialate exacteur la somme de mil deux livres quatre sols le trentie. sept. mil six cens cinquante appert de quittance signée dud. Brunel cy.................................. lᵐij l. iiij s.

N° 2.

Pus auroit esté payé aud. comis par les mains du sieur Chenaud la somme de cent huit livres six sols appert de quittance du seizie. octobre mil six cens cinquante deux signée dud. Brunel et par ce cy.......... jᶜ viij l. vj s.

N° 3.

Plus a esté payé par les mains dud. Chenaud la somme de cent livres dix neuf sols cinq deniers appert de la quittance dud. comis et dacte du quatorzie. septambre mil six cens cinquante un cy......... jᶜ l. xix s. v d.

N° 4.

De plus a esté payé au d. comis par les mains Dalbiquié la somme de deux cens livres appert de quittance du dix septie. septambre mil six cens cinquante un cy.. ijᶜ.l.

N° 5.

Plus par les mains des Consuls de Laroque la somme de cent quarante six livres neuf sols appert de quittance du seizie. novembre mil six cens cinquante cy .... j^c xlvj l. ix s.

N° 6.

Encore par les d. Consuls a esté payé la somme de quatre cens huit livres sept sols appert de quittance du huitiesme septenb^e mil six cens cinquante cy .... iiij^c viij l. vij s.

N° 7.

CHAPITRE IV.

AUTRE DESPANCE EXTRAORDINAIRE FAITE PAR LES COMPTABLES LAD. ANNÉE A CAUSE DES LOGEMANS DES GENS DE GUERRE ET GARNISON.

Premierement le vingt unie. janvier vingt Compagnies et estat Majour du régiment de La Milharay arriverent dans ceste ville avec ordre dy sejourner jusques a nouvel ordre et de leur fournir vivres et lustancille Et ensuite feust resoleu que nous fournirions lestape (1) conformémant à l'ordre de Monseigneur Despernon scavoir a chaque soldat deux pains par jour de douze onces et deux pauques vin et seize deniers pour la pitance et pour les officiers quon les payeroit en argent à leur logis suivant la taxe de lestape lesquelles despances ont esté liquidées par arrest du parlemant ensemb^e du mesme regimant quy logea ensuite au mois Davril a la somme de cinq mil trois cens cinq^te livres quinze sols appert dud. arret de liquidaõn et par ce cy... v^m iij^c l l. xv s.

Cotté n° 1.

CHAPITRE V.

AUTRE DESPANCE FAICTE DES DENIERS DE LA TAILHE SUIVANT LES ORDRES.

Le Régimant du sieur Compte de La Serre ayant eu ordre de sa majesté de loger en ville et les Consuls de leur fournir la subsistance sur les tailhes de lad. année les contables auroint fourny la despance aud. régimaut pan-

---

(1) Les troupes de passage ou en garnison, logées chez l'habitant, avaient droit à l'ustensile, c'était : le lit, la marmite, la place au feu et à la chandelle. L'Etape consistait dans les vivres pour les hommes et le fourrage pour les chevaux.

dant le temps qu'il demeura en garnizon dans la ville laquelle auroit esté liquidée par monsieur de Molieres a la somme de seize mil six cens nonante sept livres comme appert de son ordonnance du vingt cinquiesme janvier mil six cens cinquante un cy.................... xvj^m vj^c lxxxxvij l.

Cotté n° 1.

Le Trentiesme Janvier mil six cens cinquante un après que monsieur Molieres nous eust donné ordonnance portant que nous avions consommé entieremant nos Tailhes Il feust resoleu que nous luy ferions un pnt et luy aurions donné trois paires perdris quy auroint cousté deux livres la paire revenant a six livres cy.. vj l.

A son Secrettaire pour lexpedion de l'ord^{ce} ou pour la peyne quil prins au calcul de noz payemants luy feust payé la somme de dix livres ycy appert de lordonnance cy............................... x l.

CHAPITRE VI.

AUTRE DESPANCE EXTRAORDINAIRE FAICTE PAR LES CONTABLES LAD. ANNÉE A CAUSE DES PAYEMANTS FAITS AUX CRÉANTIERS DE LA VILLE.

Payemants faits par les exact^{rs}.

En premier lieu auroit payé au scindiq de lhospital St Jacques la somme de trois cens trente quatre livres sept sols neuf deniers comme appert de trois quittances de Vacquier scindiq dud. hospital cy. iij^c xxxiiij l. vij s. ix d.

Cottée n° 1.

A Monsieur Regourd juge mage cessionnere de madam^{elle} de Pouzargues luy auroit payé la somme de cinq cens vingt livres appert de deux quittances cy.. v^c xx l.

N° 2.

Au scindiq des peres Prescheurs auroit payé la somme de seize livres appert de quittance cy.. xvj l.

N° 3.

Aux Pbres obituaires de St André auroit payé la somme de trente une livres cinq sols appert de quittance cy.................... xxxj l. v s.

N° 4.

Aux hoirs de Laboual auroit payé la somme de trente sept livres dix sols appert de quittance cy .... xxxvij l. x s.

N° 5.

A Monsieur Faurio auroit payé la somme de unze livres dix sept sols six deniers appert de quittance cy...................... xj l. xvij s. vj d.

Nº 6.

A Monsieur Du mas advocat auroit payé la somme de trente sept livres dix sols appert de quittance cy...................... xxxvij l. x s.

Nº 7.

Aux peres Chartreux de la presant ville auroit payé la somme de huittante sept livres dix sols appert de quittance cy .... lxxxvij l. x s.

Nº 8.

Au scindiq des peres Augustins auroit payé la somme de deux cens six livres cinq sols appert de quatre quittances cy............ ij^c vj l. v s.

Nº 9.

Aux hoirs de feu Monsieur Ligouniac auroit payé la somme de quatre livres un sol appert de quittance cy...................... iiij l. j s.

Nº 10.

A Monsieur Massau ad^t auroit payé la somme de vingt deux livres dix sols appert de quittance et par ce cy...................... xxij l. x s.

Nº 11.

A Monsieur Durier medecin auroit payé la somme de six livres dix huit sols neuf deniers appert de quittance cy............ vj l. xviij s. ix d.

Nº 12.

A Monsieur le grand archidiacre auroit payé la somme de six livres cinq sols appert de quittance cy............................ vj l. v s.

Nº 13.

Aux hoirs de feu Monsieur Lafage con^{er} auroit payé la somme de cinquante cinq livres cinq sols appert de quittance cy........... lv l. v s.

Nº 14.

A Monsieur Albiquié premier huissier en la cour des aydes auroit esté payé la somme de sept livres seize sols trois deniers appert de quittance cy.. vij l. xvj s. iij d.

Nº 15.

A Monsieur Hirissou auroit payé la somme de trente sept livres dix sols appert de quittance cy .... xxxvij l. x s.

Nº 16.

A Gabriel Vayssières auroit payé la somme de quatre livres sept sols appert de quittance cy...................... iiij l. vij s.

Nº 17.

A Monsieur Borie bourgeois cessionere de Dujon auroit esté payé la somme de dix livres appert de quittance cy........................ x l.
N° 18.

A Benoist Frashet auroit esté payé la somme de vingt une livres cinq sols appert de quittance cy .... xxj l. v s.
N° 19.

A Monsieur Magny bourgeois auroit payé la somme de cent vingt neuf livrés seize sols appert de quittance cy............... j^c xxix l. xvj s.
N° 20.

Aux hoirs de feu Monsieur Vidal auroit payé la somme de vingt huit livres dix sols appert de quittance cy........................ xxviij l. x s.
N° 21.

Aux hoirs de feu Monsieur Dazemar auroit payé la somme de dix neuf livres dix sols appert de quittance cy .... xix l. x s.
N° 22.

A Monsieur Guiot appr^e auroit payé la somme de vingt une livres dix sept sols six deniers appert de quittance cy............. xxj l. xvij s. vj d.
N° 23.

A Monsieur Dolive ad^t auroit payé la somme de vingt cinq livres appert de quittance cy... xxv l.
N° 24.

A Monsieur Dumas ad^t auroit payé la somme de dix-neuf livres dix sols appert de quittance cy................................ xix l. x s.
N° 25

A Monsieur Dartis auroit payé la somme de trente sept livres dix sols appert de quittance cy............................... xxxvij l. x s.
N° 26.

Aux hoirs de feu Monsieur Pinquier auroit payé la somme de six livres cinq sols six deniers appert de quittance cy............. vj l. v s. vj d.
N° 27.

Aux Pbres de la mission auroit payé la somme de cent cinquante huit livres deux sols cinq deniers appert de quittance cy.. j^c lviij l. ij s. v d.
N° 28.

A Monsieur Simon Arles auroit payé la somme de quarante cinq livres appert de quittance cy....................................... xlv l.
N° 29.

A Monsieur Filhol secrettaire auroit payé la somme de cent huittante sept livres dix sols appert de quittance cy.............. j^c lxxxvij l. x s.

N° 30.

A Monsieur Roques procureur cessionnere de M. Jauffreau auroit esté payé la somme de cent six livres cinq sols appert de quittance cy... j^c vj l. v s.

N° 31.

A Monsieur de la Borderie con^er auroit esté payé la somme de vingt une livres cinq sols appert de quittance cy.................. xxj l. v s.

N° 32.

A Monsieur Daurat marchant auroit payé la somme de vingt quatre livres appert de quittance cy............................... xxiiij l.

N° 33.

A Monsieur Planavernhe grefiler auroit payé la somme de dix huit livres quinze sols appert de quittance cy.................... xviij l. xv s.

N° 34.

A Monsieur Molinier no^re auroit payé la somme de dix huit livres quinze sols appert de quittance cy.......................... xviij l. xv s.

N° 35.

A Monsieur Barnety mar^t luy a esté payé la somme de quarante quatre livres dix huit sols deux deniers appert de quittance cy.   xliiij l. x viij s. ij d.

N° 36.

Aux hoirs de feu monsieur Alardy app^re auroit esté payé la somme de treize livres deux sols six deniers appert de quittance cy... xiij l. ij s. vj d.

N° 37.

A Monsieur Marcilhac secrettaire en la cour des Aydes lui auroit esté payé la somme de dix huit livres quinze sols appert de quittance cy.   xviij l. xv s

N° 38.

A Monsieur Salhat lui auroit esté payé la somme de quatre livres appert de quittance cy... iiij l.

N° 39.

A Monsieur Palot auroit esté payé la somme de nonante trois livres quinze sols appert de quittance signée Issala ayant droit et cause dycelluy cy... lxxxxiij l. xv s.

N° 40.

A Rayet auroit payé la somme de douze livres appert de quittance
cy... xij l.
N° 41.

A Monsieur Galhiouste auroit payé la somme de treize livres dix sols un
denier appert de quittance cy........................... xiij l. x s. j d.
N° 42.

A Monsieur Filheres hoir de feu Garigues luy auroit esté payé la somme
de vingt cinq livres cinq sols appert de quittance et par ce cy   xxv. l. v s.
N° 43.

A M. Issalla ayant droit et cause des hoirs de Bousquet marᵗ de Thᵉ et de
feu Planavernhe la somme de quarante deux livres trois sols neuf deniers
appert de quittance cy........................... xlij l. iij s. ix d.
N° 44.

Aux dames religieuses de St. Ursulle auroit payé la somme de deux cens
vingt cinq livres appert de quittance et de deux mandemants cy.   ijᶜ xxv l.
N° 45.

A Messieurs les officiers de lelection de la presant ville leur auroit esté
payé la somme de septante cinq livres appert de quittance signée Raysset
secrettaire cy... lxxv l.
N° 46.

Aux proprietaires du molin St. Jacques auroit esté payé dix livres deux
sols six deniers appert de quittance cy................. x l. ij s. vj d.
N° 47.

A Gilibert La coste auroit payé la somme de vingt une livres dix sept sols
six deniers appert de quittance signée Jacobe son tuteur cy   xxj l. xvij s. vj d.
N° 48.

A M. Planhol auroit esté payé la somme de vingt livres deux sols six deniers appert de quittance cy........................... xx l. ij s. vj d.
N° 49.

Aux hoirs de feu M. Pujol docteur régent auroit esté payé la somme de
trente sept livres dix sols appert de quittance cy........ xxxvij l. x s.
N° 50.

A Monsieur Baudus conᵉʳ auroit esté payé la somme de quarante deux
livres quinze sols six deniers appert de quittance cy... xlij l. xv s. vj d.
N° 51.

Au pᵇʳᵉ obituaire de la Daurade auroit esté payé la somme de septante
cinq livres appert de quittance signée de Labruny scindiq cy.... lxxv l.
N° 52.

Au sieur Vialate pour les intherest de trois cens livres que la ville luy doit dix huit livres quinze sols cy.................... xviij l. xv s.

Nᵒ 53.

Plus à M. Marcilhac Mᵈ candʳᵉ a esté payé par le Sʳ Chenaux cinquante livres appert de quittance cy cottée nᵒ 54 cy.................... l l.

CHAPITRE VII.

Autre despance extraordinaire faitte lad. année par les contables pour les voyages quil a faleu faire pandant icelle ou mandemants diceux.

Premieremant la nouvelle estant veneu que nous debvions avoir par ordre du roy le régimant de Lamilharay en garnizon pandant lhiver le conseil de ville treuva bon de deputer vers sa majᵗᵉ pour obtenir le deslogemant Le Sʳ Perez nre collegue feust deputé pour y aller en poste a cause que ledit régimant estoit pres et luy feust bailhé quatre cens huittante trois livres quatorze sols appert du dict mandemᵗ et quittance cy..   iiijᶜ lxxxiij l. xiiij s.

Cotte les deux rolles mandemᵗ et quittance en deux piesses nᵒ 1.

Et parceque cest argent lauroit incomodé sil leust emporté Il en bailha une partie au Sʳ Vacquié lequel lui bailha une lettre deschange a Paris et pour la remise de cest argent ou pour avoir change de doubles luy feust payé dix huit livres appert du certifficat cy.................... xviij l.

Nᵒ 2.

Et quoyque le conseil de ville eust treuvé bon de deputer vers sa majᵗᵉ pour le deslogemant du dict régimant encore on auroit treuvé bon de députer vers monseigneur le duc Depernon le quel voyage feust fait par le sieur Darnis le quel aurait despandeu trente livres appert du receu dud. Darnis cy.................... xxx l.

Nᵒ 3.

Le unzie. du mois de febvrier feust resoleu que Roaldès nᵒʳᵉ collegue sen iroit à Montauban pour faire veriffier les despances des gens de guerre ou milices envoyés à monseigʳ Despernon lannée mil six cens quarante neuf ou pour avoir lettres dassiette de messieurs les tresoriers géneraux pour imposer suivant larrest du conseil six mil trois cens cinquante livres et pour faire coucher sur les estapes la despance dune couchée du regimant de monsieur le Cardinal Masarin auquel feust bailhé vingt livres pour faire le voyage et estant party il auroit rencontré à Loubejac Monʳ Lafargue qui venoit dud. Montauban lequel luy auroit dict que Mʳˢ les Tresoriers Generaux estoint partis à cause de quoy voyant que son voyage eust este inutille il sen seroit retourne desquelles vingt livres il auroit employé six livres six sols et partant ne sera cy amployé lad. quittance que pour la somme de six livres six sols.

Et cotté mandemant et quittance...................... vj l. vj s.

N° 4.

Le sieur Lagarinhie ayant escript de venir quelqun de nous a Castelnau pour resoudre sur la liquidaõn des despances de larmemant messieurs Bouyssou et Roaldes furent deputes et leur feust payé pour la despance la somme de quatre livres quinze sols et encore vingt cinq sols au pardessus aud. sieur Bouyssou en seul pour le louage ou despance dun cheval ou pour le disner ou souper dun sergent qu'il avoit prins quelques jours après pour aller trouver monseigneur de Caors a Mercues suivant la lettre quy luy auroit este envoyée de sa part par le pere Dumas comme appert tant dicelle que de la lettre dud. sieur de Lagarinie rolles des despances et quittance et par ce sera icy mis en trois pieces.......................... vj l.

Cottées n° 5 et 6.

Bailhé suivant le mandemant a M. Dufay proʳ du roy pour fin de paye du contenu au mandemant appert dicelluy la somme de trante quatre livres neuf sols six deniers cy...................... xxxiiij l. ix s. vj d.

La somme est comprinse au compte Bailhe par M. Dufay lannée 1649 aussy ne peult passer en despances.

Le seiziesme avril monsieur de Vargas intandant des finances ayant passé icy Il nous donna rande-vous a Montauban tellemant quil feust resoleu quon feroit passer nᵣₑ depute Agen voir monsieur Depernon Monsieur Dufay procureur du roy feust depute pour ce voyage auquel aurions bailhé pour sa despance soixante livres six deniers appert du mandemant et quittance cy.. lx l. vj d.

Le sieur Dufay deputé vers le sieur Vargas nous ayant escript de luy envoyer des actes justifficatifs des despances des Espanhiols nous les luy aurions envoyé par six archez auquel aurions donné trois livres appert du mandemant et quittance cy.......................... iij l.

Sur une requeste presantée par Borniet nᵣₑ sergent luy auroit esté accordé dix livres pour divers voyages ou peynes extraordinaires qu'il auroit prins pour la prént ville et payé lad. somme appert du mandemant et quittance cy.. x l.

N° 7.

Le Roy estant arrivé en Guienne Il feust resoleu en plain Conseil de ville que trois de nous et trois bourgeois de la ville iroit rendre nos debvoirs à sa majesté et lasseurer de nos obeissances et fidelité Messieurs Bouyssou Peres Et Izarn consuls avec messieurs Gironde con^{er} Dufay procureur du roy Vinnac escuyer seroit partis et allés a Libourne avec deux hommes a cheval pour porter leurs hardes et six à pied lesquels auroit despance au dict voyage y comprins le salaire desd. huit hommes et le louage de huit chevaux quatre cens nonante livres quatorze sols comme appert du rolle de la despance dud. voyage remis par led. s^r Bouyssou avec la desliberation du Conseil cy.. iiij^c lxxxx l. xiiij s.

Cotté nº 8.

Sous la mesme cotte sont comprinses aussy trois quittances concernant les fraix du p^t voyage.

Le dix septiesme aoust feust resoleu que nous envoyerions exprès un homme de pied pour chercher les actes que nous avions envoyés à Monsieur Richard pour la liquidation des despances des guerres à cause quelles nous estoient nécessaires et payé suivant le mandement quatre livres dix sols appert dicelluy cy... iiij l. x s.

Le neufvie septanbre aurions receu par le courrié une lettre de Monsieur Tabanes par laquelle il nous advertissoit quil avoit armes pour ruiner nos campagnes si les habitants tenoit pour le parti de Monsieur le Cardinal. Il feust resoleu que nous deputerions vers sa majesté pour luy porter la lettre le sieur Peres fist le voyage comme resulte de deux despeches quil nous auroit remis en main à son retour de Bourg lune venant de la part de sa majesté et lautre du sieur de Labrielliere et auroit despandeu avec un homme à cheval quil prins avec luy la somme de cent trente huit livres dix-huit sols appert du rolle mandemant et quittance et susd^{es} deux lettres en trois piesses et par ce cy............................. j^c xxxviij l. xviij s.

Nº 10.

Aurions payé au sieur Vinnac quatre livres pour un voyage qu'il fist pour la ville vers monsieur le compte de Cabrairet pour le prier de faire garder le chateau de Roussilhion suivant ce mandemant et quittance cy.   iiij l.

Monsieur Labourlhie soubz gouverneur du Roy estant arrivé dans le pays il feust resolu que monsieur Roaldes consul et le sieur Vinnac escuyer sen iroit le visiter de la part de la ville parcequil nous avoit beaucoup servi lesquels auroint prins avec eux un homme a pied et bailhé suivant le mandemant la somme de douze livres dix sols appert du mandemant et quittance cy... xij l. x s.

Nº 12.

Auroit este treuvé bon descrire à monsieur le premier présidant de la cour des aydes quy estoit a Ausonne et a ces fins luy aurions envoye expres et payé au porteur quatre livres appert du mandemt et quittance cy.. iiij l.

N° 13.

Plus le dix septiesme janvier mil six cens cinquante un feust resoleu entre nous et messieurs les consuls de lad. annee mil six cens cinquante un et qu'un consul de chacune desdites annees iroit ensemb^e à Monfaucon, Marcilhac ou alhieurs treuver Monsieur Molieres tresorier general pour avoir une ordonnance de liquidation des sommes que nous aurions bailhées aux garnisons et une ord^{ce} contre le recepveur pour avoir fonds afin de faire subcister la garnison Monsieur Roaldes nostre collegue feust deputé de nous lequel auroit despandeu aud. voyage la somme de trente livres appert des mandemant et quitance cy... xxx l.

N° 14.

Bailhé sur le mandemant jetté sur ledit Darnis a Perie archer pour le louage dun cheval pour aller trouver monseigneur Depernon huit livres un sol appert du mandemant et quittance cy.................. viij l. j s.

N° 15.

Bailhé à Astoire suivant le mandemant la somme de neuf livres cinq sols appert dicelly et quittance cy .... ix l. v s.

N° 16.

A Monsieur Darnis suivant le mandemant du dix huitie may 1650 la somme de cent dix livres appert dicelluy et quittance cy........... j^c x l.

N° 17.

A Monsieur Bouyssou et Dufay suivant le mandemant du unziesme daoust g. vi^c cinquante la somme de trois livres quatre sous appert dicelluy cy.. iij l. iiij s.

N° 18.

A Bellerose hoste suivant le mandemant la somme de dix livres appert dicelluy et quittance cy... x l.

N° 19.

CHAPITRE VIII.

AUTRE CHAPITRE DE DESPANCE EXTRAORDINAIRE.

Premieremant auroit esté payé au sieur Saux secrettaire de la maison de ville la somme de soixante livres pour les causes contenues dans la req^{te} par luy présantée appert de lad. req^te ordonnance respondue au pied dicelle et de la quittance dud. Saux et par ce cy............................ lx l.

N° 1.

A Travertier no^re clerc de la maison de ville la somme de dix-huit livres pour les causes contenues dans la requeste par luy presantée appert dicelle ensemble de lordonnance respondue au pied et de la quittance dud. Travertier cy... xviij l.

N° 2.

A Gose huissier cinquante sols pour des esploits faits pour la ville appert du mandemant et quittance cy............................. ij l. x s.

N° 3.

Pour vingt cinq livres morue et quinze livres huille dolif accordees aux peres capucins au pied de la requeste par eux presentée a esté paye treize livres pour la legitime valleur appert de lad. req^te et ordonnance au pied dicelle cy.. xiij l.

N° 4.

Pour cinq sierges quy feurent donnés au prèdicateur le second avril feust payé deux livres et par ce cy.................................... ij l.

Monsieur de Bourellie seroit veneu en ville pour visiter Monseigneur le compte de Crusol auquel nous aurions randeu visite et fait presant de vin et de truffes le huitiesme octobre dont nous aurions payé six livres cy. vj l.

Led. jour huitiesme octobre feust aussy fait présent de vin aud. seigneur compte de Cruzol duquel auroit este payé trois livres cy.......... iij l.

Somme nonante huit livres huit sous.

CHAPITRE IX.

AUTRE DESPANCE EXTRAORDINAIRE FAITTE LAD. ANNÉE PAR LES COMPTABLES SUIVANT LORDRE DE MONSEIGNEUR LE DUC DEPERNON GOUVERNEUR DE LA PROVINCE.

Premieremant led. seigneur duc auroit faict scavoir aux comptables de luy retirer toutes les despeches de Paris dont on leur fairoit l'adresse de sa part. En conséquance duquel mandemant toutes les depeches quy seroint venues de Paris luy auroit este envoyees en la forme soubs escript appert de la lettre dud. seigneur du vingt cinquie^e janvier mil six cens cinquante ensemble des deux autres lettres de huitie febvrier et septie may annee de comptes attachées ensemble.

Cottées n° 1.

En conséquence duquel mandemant il auroit este envoye un pacquet aud.
seigneur a la ville dAgen dont l'adresse auroit esté faitte aux contables par
le sieur Thenecin ainsin quapport de sa lettre du neufviesme janvier et payé
a un messager quatre livres appert de la lettre dud. sieur Thenecin et par
ce cy .... iiij l.
   N⁰ 2.

Le contable suivant autre lettre dud. sieur Thenecin du quinziesme dud.
mois ayant receu autre depeche pour son altesse Ils lauroint envoyée et payé
a un messager esprés quatre livres appert de la lettre cy........ iiij l.
   N⁰ 3.

En consequance dautre lettre dud. sieur Thenecin du vingt deuzie janvier
feust envoyé un autre pacquet aud. seigneur Depernon comme appert de la
lettre dud. sieur Thenecin et pour le port dud. pacquet feust payé la somme
de quatre livres a un porteur et par ce cy..................... iiij l.
   N⁰ 3

Encore par autre lettre dudit sieur Thenecin du trentie janvier les contables receurent trois grands pacquets pour led. seigneur duc Depernon lesquels luy furent envoyés par un porteur esprès auquel auroit esté payé quatre livres appert de la lettre dud. sʳ Thenecin cy................ iiij l
   N° 4.

Le cinquie fébvrier suivant aurions receu un pacquet de Paris par le cour-
rier pour son altesse que nous lui aurions espres envoyée Agen et payé à
Filhieres pour son voyage quatre livres appert de la lettre dadresse de Mʳ
Theroueme cy... iiij l.
   N° 5.

Plus receu cinq grands pacquets de Paris par le courrier pour mond. seigneur Depernon lesquels luy furent envoyés par Jean de la Guiraude auquel feust donné quatre livres appert de la lettre de Mʳ Thenecin du 12 febᵉʳ
cy... iiij l.
   N° 6.

Le cinquie mars suivant ayant receu des nouvelles despeches pour led.
seigneur duc Depernon et les luy aurions envoyées par led. Filhieres et paye
pour son voyage quatre livres appert de la lettre du sᵉ Thenecin cy. iiij l.
   N° 7.

Paye a Lartet mestre de poste au bureau pour le port des paquets de
Paris et Thᵉ suivant le rolle mandemᵗ et quittance la somme de septante
une livres appert dud. mandemant rolle et quittance cy........ lxxj l.
   N° 8.

Par lettre dud. mois dud. s^r Thenecin aurions aussy receu des despeches pour ledit seigneur Depernon que nous luy aurions envoyé par messager esprès et paye quatre livres appert de lad. le^{te} de Mr Thenecin cy..   iiij l.

N° 9.

Par autre lettre dudit sieur Thenecin du dix neufvie dud. mois aurions receu des despeches pour mond. seig^r le duc Depernon que luy aurions envoyees par messager espres et paye a icelle quatre livres appert de la lettre d'adresse dud. sieur Thenecin et par ce cy....................   iiij l.

N° 10.

Encore par lettre du vingt sizie dud. mois de mars aurions receu autre despeches par le courrier de Paris et envoyees incontinant Agen, par led. Filheres auquel auroit esté paye pour son voyage la somme de quatre livres appert de la lettre dud. s^r Thenecin cy....................   iiij l.

N° 11.

Le premier avril aurions receu autres despeches de Paris adressant à nous pour faire tenir à son altesse et envoyé incontinant icelles aud. seigneur par Jean de Guiraude auquel feust donné quatre livres quatre sols.   iiij l. iiij s.

Le quatorzie du mesme mois davril aurions receues depeches pour monseigneur Depernon par le courrier de Paris lesquelles luy aurions envoyées Agen par Anth^e porteur et paye quatre livres appert de la lettre dud. sieur Thenecin du dixie dud. mois cy.........................   iiij l.

N° 12.

Le vingtroisie dud. mois davril le courrier ayant porté un grand pacquet de Paris pour faire tenir aud. seigneur il auroit esté envoyé par un porteur espres Agen lequel led. seigneur retint pour porter les responces et outre les quatre livres quy luy avoit este promises il luy feust encore bailhé vingt sols quest le tout cinq livres et appert de la lettre de Mr de Thenecin du dix dud. mois cy ....   v l.

N° 13.

Par lettre du dernier dud. mois davril dud. s^r Thenecin nous aurions receu un pacquet pour le seigneur Depernon quy feust envoyé Agen et payé au porteur quatre livres appert de la lettre dud. sieur cy...........   iiij l.

N° 14.

Par lettre du septie may suivant aurions receu un pacquet pour led. seigneur lequel luy auroit esté envoyé par autre porteur et payé la somme de quatre livres appert de la lettre dud. sieur Thenecin et par ce cy..   iiij l.

N° 15.

Par lettre du quatorzie may dud. sieur Thenecin aurions receu autre des-

peche de la cour par le courrier pour led. seigneur que nous luy aurions
envoyé par porteur expres auquel auroit esté payé quatre livres cy.   iiij l.

Appert de la lettre cottée n° 16.

Aurions encore receu un pacquet de Paris par le courrié suivant la lettre
dud. sieur Thénecin du vingt unie dudit mois de may icelle envoyée Agen
pàr porteur espres auquel feust payé la somme de quatre livres appert de la
lettre dud. s^r cy...   iiij l.

N° 17.

Par deux lettres du vingt huitie dud. mois de may aurions receu autres
deux pacquets de Paris pour led. seigneur que luy aurions envoyés Agen par
porteur esprés et payes Theroueme quatre livres appert des lettres dudit
sieur Thenecin cy...   iiij l.

N° 18.

Par autre lettre dud. sieur Theroueme du dixhuitiesme juin suivant aurions receu une despeche de Paris pour led. seigneur Depernon laquelle nous
luy aurions envoyée par un porteur et payé la somme de quatre livres appert
de la lettre cy ....   iiij l.

N° 19.

Monsieur Molinier juge ordinaire de la présant ville en auroit receu dautres par le mesme courrier ne les ayant bailhees qun jour après que n^re porteur feust party nous fumes contraints denvoyer aud. messager espres aud.
Agen au quel feust payé quatre livres cy.......................   iiij l.

Le premier juilhet aurions receu un pacquet par le courrier de Paris pour
son altesse et envoyes par un porteur esprès Agen au sieur Malartiq suivant
lordre dud. seigneur et payé aud. porteur quatre livres appert de la lettre
dud. sieur Thenecin du vingt cinquie juin cy...................   iiij l.

N° 20.

Aurions receu autre pacquet de Paris le huitie dud. mois de Juilhet pour
led. seigneur et incontinant envoye aud. sieur Malartiq par messager esprés
et payé aud. porteur quatre livres appert de la lettre dud. Sr Theroueme
cy...   iiij l.

N° 21.

Le quinziesme dud. mois de Juilhet aurions receu une despeche pour le d.
seigneur Depernon et envoyé led. mesme jour par messager espres aud. sieur
Malartiq et payé quatre livres appert de la lettre de Monsieur Thenecin du
neusvie dud. mois de juilhet et payé quatre livres cy...........   iiij l.

N° 22.

Par lettre dud. sieur de Theroueme du seizie dud. mois de Juilhet ayant

receu un gros pacquet de Paris incontinant laurions envoyé Agen aud. sieur
de Malartiq et payé au porteur la somme de quatre livres appert de la lettre
dud. sieur Theroueme ci.. iiij l.
    N° 23.

Le vingt neufviesme dud. mois de Juilhet aurions reçu un pacquet pour
mon dit seigneur de la cour lequel feust envoyé au dict sieur Malartiq et
payé au messager quatre livres appert de la lettre dud. Sr de Theroueme
cy.. iiij l.
    N° 24.

Aurions payé à Lartet maitre du bureau de Poste la somme de septante
six livres dix sols pour le raport des despeches dud. seigneur Despernon
gouverneur de la province appert du rolle mandemant et quittance dud.
Lartet cy.. lxxvj x s
    N° 25.

Pour justifier de la réception des despeches sus énoncées ou des voyages
des divers messagers envoyés à son altesse pour les luy faire tenir les contables employerent dix huit lettres quy leur feurent envoyées en divers temps
par les sieurs Simonin Malartiq et Bourein secrétaires et ageants dud. seigneur cy cottées.

Somme deux cent quarante sept livres quatorze sous.

CHAPITRE X.

AUTRE DESPANCE EXTRAORDINAIRE FAITTE A CAUSE DES PROCÉS QUE LA
VILLE A EU PANDANT LAD. ANNEE TANT DEVANT LE SEN^{al} ESLEUX
PARLEMANT COUR DES AYDES ET AU CON^l

Premieremant Bailhé suivant le mandem^t au sieur Izarn n^{re} collegue
pour faire conduire au Parlemant de Th^c Forastié dict Venize prevenu ou
pour les fraix faits aud. parlemant cent neuf livres quatre sols appert dud.
mandemant et quittance cy.............................. j^c ix l. iiij s.
    N° 1.

Bailhé au sieur Bacquié pour faire tenir au sieur Tournié advocat au
con^l affin de faire les fraix de lexpedion dun arrest pour la ville la somme
de cent livres et cinq livres pour le droit de remize appert du mandemant de
la lettre deschange et par ce cy............................... j^c v l.
    N° 2.

Le Recepveur des Tailhes ayant refuzé de nous tenir en compte la despance des espanhiols et des milices il faleust donner reqᵗᵉ a la cour des aydes et pour faire respondre lad. reqᵗᵉ a monsieur le procureur général et obtenir arᵢest sur icelle feurent employées dix livres cy.................. x l.

La cour de parlemant de Thᶜ ayant receu ordre du conseil de liquider les foules et despances que les communautés de son ressort avoit souflertes a cause des gens de guerre il aurait esté resoleu quon envoyeroit un homme de pied a Monsieur Richard procureur de la ville et quon lui envoyeroit dix livres et quatre livres au porteur lesquelles deux sommes revinrent à quatorze livres appert du mandement et lettre du sieur Richard procureur aud. parlemant portant reception de la somme de dix livres cy............ x l.

Nᵒ 3.

Monsieur Lefranc Escuyer auroit poursuivy nos devantiers pour quelque rante quil prethandoit sur la ville Et en vertu de certaines condamnations quil auroit obteneu fait saisir les esmolumants du salin et obtenu decret tellemant que laffaire feust accordé et par transaōn il auroit vandeu lad. rante a la ville et pour le prix de lad. rante et arreirages ou despans Il luy feust payé la somme de cinquante livres — appert de l'extrait de lad. transaction portant quittance cy................................. , L l.

Cotté nᵒ 4.

Plus auroit payé à Monsieur Tourtonde procureur en la cour des aydes pour les droits des procès que la ville a eux en lad. cour pendant lad. année ou pour les fraix par luy faits suivant le rolle.

Somme deux cents soixante quatre livres quatre sols.

CHAPITRE XI.

AUTRE DESPANCE EXTRAORDINᵣᵃ FAITTE PAR LES COMPTABLES LAD. ANNÉE POUR LES REPARAŌNS ET FORTIFFICAŌNS FAITTES AU CORPS DE GARDES TOURS ET MURAILHES DE LA VILLE

Premieremant pour reparer le plancher des corps de garde demy lunes et tours quy estoint entieremᵗ ruinnées a esté achepté une fois quarante canes daix a raison de vingt cinq sols cane monte la somme de cinquante livres cy... L l.

Aurait esté payé pour le port des aix du pont neuf a la maison de ville cinquant sols cy..................................... ij l. x s.

Pour faire le pont levis du pont neuf aurions achepté une poutre de chesne de Hugues Ayrat de Flainaig en Rouergue et bailhé suivant le mandemant cinq livres dix sols appert dicelluy cy...................... v l. x s.

N° 3.

Le dixie may bailhé à Peyrié serrurier du pont neuf pour une platine de fer ou pour les cloux... XXX s.

Bailhé suivant le mandemant a lexecuteur de la haute justice quatre livres dix sols pour avoir nettoyé un canon de garderrobe quy est à la conciergerie de la maison de ville appert dicelluy cy........... iiij l. x s.

Cotté n° 5.

Parceque le bois ne pouvoit se mettre asseuremant qua la chambre obscure quy est près du fronton il faleust la faire fermer n'y ayant point de clef pour en faire faire une neufve et acomoder la serrure feust payé dix sols cy... x s.

Payé a Fran Manie du Garinel pour la pierre ou sable qu'il charroya à la porte de La barre luy feust payé dix sols cy...................... x s.

Cotté n° 7.

A Bonis suivant le mandemant quatre livres quatorze sols unze deniers pour avoir porté le bois et autres materiaux mentionnés au rolle sy produit avec le mandemant et quittance inseres au pied dicelluy et par ce cy... iiij l. xiiij s. xj d.

Cotté n° 8.

A Geraud Carrière et Pierre Sudré charpantiers pour le travailh quils auroint fait aux Tours suivant deux rolles mandemants et quittance vingt sept livres huit sols appert dicelluy cy................. xxvij l. viij s.

Cotté n° 9.

A Granssaut masson pour le travailh quil a fait a la porte du pont neuf ou pour avoir aresté quelques pierres dud. pont suivant le rolle mandemant et quittance dix huit livres appert dicelluy cy................. xviij l.

N° 10.

Le vingt deuxiesme juilhet bailhé a Labroue masson pour achepter deux charges chaux pour blanchir suié (1) pervoca le revelin et fondemants de la murailhe de la porte de la Barre et payé vingt huit sols cy... j l. viij s.

---

(1) Pour blanchir, suié, pervoca etc., veut dire pour blanchir, suivre et boucher (fermer les trous, raccommoder) per voca devrait être écrit per boca ou bouca ; mais vous avez déjà trouvé dans ce compte l'emploi fréquent du v pour le b.

De nos jours on dit encore en patois, pour désigner le même travail : Per bouca.

Pour le travailh payé le quinziesme septenbre que Jean Labroue auroit faict a blanchir la murailhe de la porte de la Barre vingt sous cy..   j l.

Bailhé a Astorq charpantier en desduction du prix fait pour le pont levis de Valandrés suivant le mandem^t douze livres cy...............   xij l.

Cotté nº 13.

A Palis masson suivant le mandemant et pour les causes contenues en icelluy sept livres unze sols appert dicelluy ensemble du rolle et quittance cy..   vij l. xj s.

Cotté nº 14.

Payé à Florette de Gasc hotesse pour les causes contenues au mandemant la somme de douze livres cinq sols appert dicelluy ensemble du rolle et quittance cy...   xij l. v s.

Cotté nº 15.

Auroit esté trouvé bon de faire une porte à la tour grosse de la Barre près la rivière et de bastir la murailhe quy estoit tombée sur le fond St-Mary et tant pour icelle quautres reparaons portées sur le rolle de François Rigal Jean Labroue et Jean Rocques massons leur auroit esté payé quarante livres seize sous comme appert dudit mandem^t et quittance et pour ce cy...   xl l. xvj s.

Cotté nº 16.

Et pour faire lad. porte auroit achepté des pierres toutes tailhées et payé douze livres cy....................................   xij l.

Auroit aussy faleu faire un pont levis à la tour grosse de dessus le fond St-Mary et une porte neufve et a ces fins achepté de monsieur Bressangés une cane daix de publie et payé dicelle une livre dix sols appert de quittance sans mandem^t cy.....................................   j l. x s.

Cotté nº 18.

Une serrure clef et palastraque pour fermer lad. porte trois livres dix sols et par ce cy..................................   iij l. x s.

Le dix huitie septenbre bailhé à Rapin mareschal pour ce quil avoit fait au pont levis du pont neuf sept livres cy.....................   vij l.

Payé a Fenestre m^e mareschal pour le travailh q^l a fait pour la ville suivant le mandemant mis au pied de son compte et quittance treize livres cy ....   xiij l.

Cotté nº 21.

Le septiesme dud. mois de septanbre payé à Jean Roquenieres mareschal suivant le mandemant trente cinq livres six deniers appert dicelluy et quittance cy.. xxxv l. vj d.

Cotté nº 22.

Bailhé a Alazart du Cabazat charpantier suivant le mandemant et ponr la besoigne quil auroit fait la somme de cent trente six livres appert dicelluy et de la quittance cy............................... jᶜ xxxvj l.

Cotté nº 23.

Bailhé suivant le mandemant a Méja dit lespanhol pour avoir charroyé des cailhoux et sable pour paver le pont vieux seize sols appert dudit mandemant et quittance cy............................... xvj s.

Cotté nᵒ 24.

Le pont de Valandrés estant entièremant gasté nous aurions taché de recourrir un paveur auquel auroit esté payé suivant un petit bilhet du sieur Darnis sans quittance douze livres appert dicelluy cy............ xij l.

Cotté nº 25.

Bailhé au sieur Planhol bourgeois de la Barre deux livres sept sols suivant le mandemᵗ pour des matériaux qu'il avoit bailhés pour les reparaõns des murailhes de la ville appert dud. mandemant et quittance par ce cy... ij l. vij s.

Cotté nº 26.

A Monsieur Marcilhat aurions payé du fern quil auroit bailhé pour acomoder le pont levis et portes de la ville suivant le mandemant cent dix huit livres neuf sols appert dicelluy ensemble du rolle et quittance et par ce cy..................... jᶜ xviij l. ix s.

Cotté nº 27.

A Pierre Fargues thuilier de Larocque suivant le mandemant payé quatre livres unze sols appert dud. mandemant rolle et quittance cy.   iiij l. xj s.

Cotté nº 28.

Bailhé a Bonneau sur un mandemant pour la pierre quil avoit bailhée pour la reparaõn des murailles a la Barre quarante sols appert dud. mandemᵗ rolle et quittance cy................................ ij l.

Cotté nº 29.

Plus auroit payé a Astorq Legie charpantier la somme de cinquante cinq livres pour la fasson du pont levis de Valandrés appert du mandemᵗ du douzie avril mil six cens cinquante et quittance cy................. lv l.

Cotté nº 30.

Plus a Auriere cordier la somme de douze livres pour la valleur dun gros capble pour servir au rastellier (1) de bois du pont neuf pesant cinquante livres suivant le mandem^t du dix neufvie avril mil six cent cinquante et quittance cy... xij l.

Cotté n° 31.

Plus a Pierre Delcros suivant le mandemant du seizie may mil six cens cinquante cinq livres deux sols appert dicelluy rolle et quittance cy .... v l. ij s.

Cotté n° 32.

Plus auroit payé à Aymar et Lacombe marchands pour vante daix et chebvrons suivant le mandem^t du dixhuitie dud. mois la somme de trente huit livres cinq sols appert dicelluy et quittance cy.......... xxxviij l. v s.

Cotté n° 33.

Plus à Pierre Cavanac marchant pour vante de chebvrons suivant le mandemant du vingtie dud. mois la somme de six livres cinq sols appert dicelluy cy... vj l. v s.

Cotté n° 34.

Plus a Anthony Condon marchant pour vante de neuf poutres suivant le mandemant du vingt deuzie dud. mois quatorze livres appert dicelluy et quittance cy... xiiij l.

Cotté n° 35.

Plus a Pierre Delcros suivant le mandemant du dernier dud. mois vingt quatre livres douze sols quatre deniers appert dicelluy rolle et quittance cy .... xxiiij l. xij s. iiij d.

Cotté n° 36.

Plus a Pierre Sudré marchant du seizie juilhet mil six cens cinquante la somme de douze livres appert du mandemant rolle et quittance cy. xij l.

Cotté n° 37.

Plus a Jean Molinie suivant le mandem^t du vingt quatrie juilhet mil six cens cinquante la somme de douze livres quinze sols pour cloux et fern prins de sa bottique appert du compte rolle et quittance cy....... xij l. xv s.

Cotté n° 38.

Plus a Jean Gaubert suivant le mandemant du vingt unie aoust mil six cens cinquante la somme de six livres dix sols appert dicelluy rolle et quittance cy... vj l. x s.

Cotté n° 39.

---

(1) Pour servir au rastellier, veut dire : pour servir à la clôture en clayonnage qui avait dû être faite pour fermer l'entrée des arches du pont.

Plus a Ganilh m^e menuisier suivant le mandemant du quatrie septanbre mil six cens cinquante la somme de six livres appert dud. mandem^t rolle et quittance et par ce cy...   vj l.

Cotté n° 40.

Plus a Bertrand Ferran pour avoir fourny aux reparaōns de la porte de Valandrés suivant le rolle et mandemant du dernier décembre de lad. année mil six cens cinquante la somme de quarante une livre seize sols appert de son rolle mandemant et quittance cy.....................   xlj l. xvj s.

Cotté n° 41.

Plus a Jean Aymé suivant le mandem^t du dernier décembre de lad. année g vj^e cinq^te la somme De treize livres douze sols appert dicelluy et quittance cy...   xiij l. xij s.

Cotté n° 42.

Plus a François Fayet hoste suivant le mandem^t quatorze livres unze sols appert dicelluy rolle et quittance cy.....................   xiiij l. xj s.

Cotté n° 43.

Plus aud. Delcros serrurrier six livres huit sols pour la besoigne exprimée dans son rolle comme appert dicelluy ensemble dun mandemant et quittance aⁿposé au pied dicelle cy...............................   vj l. viij s.

Cotté n° 44.

CHAPITRE XII.

AUTRE DESPANCE EXTRAORDINAIRE FAICTE PAR LES COMPTABLES LAD. ANNÉE A CAUSE DES FRAIX ET MUNION DE GUERRE OU POUR ACOMODER LES ARMES ET GARDER LA VILLE.

Premièrement aurions payé à Durand boiturié pour avoir porté de Moyssac quelques mosquets et piques suivant le mandem^t trois livres appert dicelluy cy..   iij l.

Le troizie may paye à Artis et Huganet soldat du pont vieux pour les soldes du mois davril suivant le mandemant la somme de douze livres a chacun revenant a vingt quatre livres appert dicelluy cy.........   xxiiij l.

Le cinquiesme dud. mois aurions achepte un quintal septante sept livres et demy poudre de Jean Aldoy et payé suivant le mandemant la somme de huittante huit livres cinq sols appert dicelluy et quittance cy...   lxxxviij l v

Cotté n° 3.

Le quatorziesme dud. payé a Alayrac et Louis André soldats du pont neuf pour la solde suivant le mandemt la somme de dix neuf livres appert dicelluy et quittance cy.. xjx l.

Cotté n° 4.

A Jean Leygue Alexandre Blanquet et François Mercadié soldats de la porte de la Barre par trois mandem^ts la somme de trente huit livres appert diceux ensemble des quittances cy.......................... xxxviij l.

Cotté n° 5.

A Bertrand Ferran Pierre Jourdanet et Pierre Vincens soldats à la porte de Valandrés payé pour leur solde la somme de trente huit livres suivant deux mandemants appert diceux et de leurs quittances cy.... xxxviij l.

Cotté n° 6.

De la chandelle prinse pour garder la ville ceux de la porte de la Barre la prenant de la femme de Bringou Mercadié et bailhé en desduction huit livres quinze sols appert du rolle mandemant et quittance cy.. viij l. xv s.

Cotté n° 7.

Le vingt septiesme dud. mois de may bailhé suivant le mandemant a Grepou pour avoir sonné la retraicte tous les jours trois livres appert de la req^te par luy p̄tée mandemant et quittance a suitte cy.......... iij l.

Cotté n° 8.

Plus pour deux bathelats bois pour le corp de garde ou le faire apporter a la maison de ville ou faire fandre ou dachapt payé cinquante livres cy.. L l.

Payé suivant le mandemant à Guinot Figeac pour avoir accomodé des mousquets la somme de dix livres seize sols suivant le rolle mandem^t et quittance et par ce cy.. x l. xvj s.

Cotté n° 10.

Encore il faleust achepter un autre bathellée bois pour la porter a la maison de ville ou faire fandre feust payé vingt quatre livres et par ce cy.. xxiiij l.

Il feust accordé aux huit sergeants pour la peyne extraord^re quils prenoit a cause de la guerre huit livres qui leur furent payés sur la requeste par eux presantée appert de lad. req^te ordonnance et quittance.......... viij l.

Cotté n° 12.

A Olivié payé suivant le mandemant pour la fasson des quatre lanternes de feuilhe quil a vandues pour les (1) patrouilhes six livres appert du mandem^t cy .... vj l.

Cotté n° 13.

A Philip tanbour pour avoir batteu la quaisse pandant la garde bailhé suivant le mandemant la somme de sept livres appert dicelluy et de la quittance cy .... vij l.

Cotté n° 14.

Bailhé suivant la quittance et pour les causes contenues en icelle a Molinié marchant du pont neuf la somme de sept livres dix sols appert dicelluy cy .... vij l. x s.

Cottée n° 15.

Payé a Blanq estanié pour avoir fondeu des balles de mousquets et suivant le mandem^t la somme de treize livres treize sols quatre deniers appert dicelluy et quittance cy...................... xiij l. xiij s. iiij d.

Cotté n° 16.

Aurions aussy payé a Landrivie m° serrurier pour avoir accomodé des mousquets a la maison de ville suivant le mandemant la somme de huittante six livres appert dicelle ensemble du rolle et quitttance cy... lxxxvj l.

Cotté n° 17.

Bailhé a Dumas sergent pour avoir batteu la quaisse pandant le temps de la garde suivant lord^ce respondue au pied de la requeste par luy presantée appert dicelle susd. ord^ce et quittance cy...................... vij l.

Cotté n° 18.

Aurions payé a Lafage marchant de la chandelle pour la garde en desduction huittante cinq livres appert de quittance cy.............. lxxxv l.

Cotté n° 19.

Bailhé a Alayrat soldat du pont neuf cinq livres que Ayraud fermier du salin luy donna sur le mandem^t du sieur Vinnac recepveur en desduction de ses gages de soldat appert du mandemant et quittance cy.......... v l.

Cotté n° 20.

Le neuvie septanbre aurions résoleu de faire garde exacte tant à cause d'une lettre escripte par le sieur de Tabanes que dautres nouvelles que Mr de Caors nous donna et à ces fins aurions faict assembler la comunauté par

---

(1) Les lanternes de cette époque étaient recouvertes de toile ou elles étaient en métal de cuivre percées à jour. On fit faire celles-ci de feuilles, c'est-à-dire en verre (avec des feuilles de verre), afin qu'elles éclairassent mieux les patrouilles.

escouades et bailhé le bois et chandelles necessaire a chaque porte tous les soirs scavoir à la porte de la Barre pour trois corps de garde au pont neuf pour au° trois au pont vieux pour deux a Valandrés pour au°ˢ deux et un a la maison de ville.

Bailhé a Albiquié marchant en payemant de la chandelle prinse de luy pour la garde la somme de cent dix huit livres suivant le rolle mandemant et quittance cy.. jᶜ xviij l.
Cotté n° 22.

A Monsieur Molinié ageant des affaires de Milhac ayant donné des advis et envoyé un homme exprés il feust donné aud. porteur vingt sols appert du mandeᵗ et lettres dadvis cy... XX s.
Cotté n° 23.

Payé a Pic Dumas soldat du pont neuf suivant le mandemant du dernier septambre quatre livres appert dicelluy et quittance cy.......... iiij l.
Cottée n° 24.

Nous aurions escript à Monsieur le compte de Cursol à Mʳ de St-Amaran et a messieurs les consuls de Gourdon pour les affaires de la guerre et envoyé Brengou Mercadier pour apporter les despeches et payé quarante sols cy.. ij l.

Monsieur le compte de Cursol ayant heu ordre du roy de venir comander dans la présant seneschaussée estant arrivé il feust desliberé quon luy bailheroit pandant son sejour maison bourgeoise et suivant la desliberaon lauroit logé chez monsieur Dufour conᵉʳ esleu et feust donné presant de vin aud. seigʳ quy cousta deux livres cy........................... ij l.

Aud. sieur Du four pour le louage de la maion ou pour le degast de ses meubles auroit esté payé trente livres appert de la requeste ordonnance et quittance cy.. xxx l.
Cotté n° 27.

Pour viziter tant monsieur le compte de Crussol que Monsieur Labourlhie a leur arrivée feust achepté un flambeau pesant quatre livres et payé quatre livres cy.. iiij l.

Le septiesme de novenbre aurions achepté deux bathellées de bois pour la garde de la maison de ville desquelles auroit este payé ou pour le charroye ou fandre cinquante livres cy................................. L l.

Aurions bailhé a monsieur Marcilhat secrettaire pour les fraix du tambour quy sonnoit a son escouade et sur le mandemᵗ vingt livres appert dicelluy cy... xx l.
Cotté n° 30.

A Mathieu Gauthié pour des bandoulières quil auroit bailhés par man-
dem^t luy feust bailhé quatre livres appert dud. mandem^t et quittance
cy.. iiij l.

Cotté n° 31.

Gilibert Fau sergent ayant fourny quelques bois et autres choses nécessaires pour la garde de la ville luy auroit esté accordé trois livres sur req^{te}
la quelle et mandem^t et quittance est remize cy................ iij l.

Cotté n° 32.

Auroit esté paye a Jougla arcabusier la somme de dix livres quinze sols
suivant le mandemant appert dicelluy et quittance cy....... x l. xv s.

Cotté n° 33.

A Gilibert Couquilhou M^e serrurier pour avoir nettoyé des mousquets suivant le mandemant cinq livres appert dicelluy rolle et quittance et par ce
cy.. v l.

Cotté n° 34.

A Pierre Bonié suivant le mandemant la somme de douze livres dix neuf
sols appert dicelluy ensemble du rolle et quittance cy...... xij l. xix s.

Cotté n° 35.

Plus a Jean Audoy poudrier pour vante de poudre suivant le mandem^t
cinquante livres appert dicelluy et quittance et par ce cy......... L l.

Cotté n° 36.

Plus a Bernard Dols poudrier pour vante de poudres suivant le mande-
mant cent cinq livres dix sols appert dicelluy et quittance cy   j^c v l. x s.

Cotté n° 37.

Plus a Monsieur Darnis suivant le mandem^t la somme de cent vingt quatre livres six sols huit deniers pour vante de plomb appert dud. mande^t et
quittance et par ce cy..................... j^c xxiiij l. vj s. viii d.

Somme huit cens soixante deux livres huit sous.

CHAPITRE XIII.

AUTRE DESPANCE DES DENIERS NON RECEUX QUY SONT BAILHÉS EN
REPRINSE A CAUSE DU RABAIS FAIT EN FAVEUR DES FERMIERS
DES ESMOLUMANTS.

Premierement a Loujour sur la req^{te} par luy presantée auroit esté fait
rabais de son afferme du droit du poids gros et marque de laine de la somme
de dix livres appert de lad. req^{te} et ordonnance cy................ x l.

Cotté n° 1.

A Louis Auriere fermier de la tour et corps de garde du pont neuf luy a este fait rabais de la somme de trois livres appert de la reqᵗᵉ et ordonnance cy.. iij l.

A Aulhac fermier de la bladerie auroit esté faict rabais de la somme de dix livres appert de lad. reqᵗᵉ et ordonnance cy................. x l.

Cotté n° 3.

A Jean Leygue auroit esté aussy faict rabais de la somme de trente livres par ordonnᶜᵉ respondeue au pied de la reqᵗᵉ par luy presantée cy.   xxx l.

Cotté n° 4.

Somme cinqᵗᵉ trois livres.

CHAPITRE XIV.

Premieremant nous aurions loué à Monsieur Filhol conᵉʳ du roy en la cour des aydes une bottique pour faire la boucherie a la barre comme nous estions obligés de paye à Jean Burguiere sur le mandemant de la damoiselle de Filhol la somme de trente livres appert dud. mandemant et quittance dud. Burguiere cy... xxx l.

Cotté n° 1.

Aurions aussy lcué de Lorimy marᵗ une bottique a la place de la conque joignant celle de la ville pour faire la boucherie par ce que celle de la ville estoit trop petite et payé du louage dicelle pour lad. année douze livres dix sols appert du mandemant et quittance dud. Lorimy cy...... xij l. x s.

Cotté n° 2.

Le vingt unie octobre payé a Guanilh Mᵉ menuisier pour avoir acomodé les tampes (1) des boucheries de la ville suivant le rolle et mandemant.

Plus payé quarante livre pour le louage de la boutique de Boutraman appert de quittance cy... 40 l.

Cotté n° 3.

Somme quatre vingt deux livres dix sous.

---

(1) Les tampes étaient les volets, les portes, qui fermaient les boucheries.

CHAPITRE XV.

AUTRE DESPANCE FAITTE A CAUSE DE LA VERIFFICATION DES ROLLES DE LA TAILHE ET TAILHONS.

Premieremant pour la veriffication des rolles de la tailhe paye a messieurs de leslection suivant la transaction la somme de cinquante livres appert du mandement et quittance cy.. .... L l.

Cotté n° 1.

A leur greffier pour son droit de veriffication ou seaux de quatre rolles trente sols et par ce cy... j l. x s.

Messieurs les esleux ayant reffuzé de veriffier les rolles de limposition pour les frais de la députation vers sa majesté et pour la faction du nouveau compoids et cadastre il feust resoleu que nous porterions nos plaintes en la cour des aydes par ce quils avoint promis les d. impositions tellem¹ que la cour députa quatre commissaires pour veriffier les rolles et nayant voleu dargent il feust treuvé bon de faire presant a chacun deux dun pain de sucre et paye de la livre vingt trois sols revenant en tout a la somme de treize livres un sol cy...... .... xiij l. 1 s.

CHAPITRE XVII.

AUTRE DESPANCE EXTRAORDINAIRE.

Ayant emprunté de Monsieur de Monbrun président en la cour des aydes la somme de mil livres pour faire les frais du voyage vers sa majesté nous luy aurions paye icelle ensemb° soixante deux livres pour les intherest appert de lobligation cancellée et quittance cy................. jᵐ Lxij l.

Cotté n° 1.

Ayant esté emprunté de Mʳ Dolive la somme de six cens livres pour faire les fraix du voyage de Paris ou le sieur Bouyssou feust deputé la d. année les contables auroit payé la d. somme au Sʳ Catusse adᵗ son beau fils le seizie novenbre mil six cens cinquante ensemble pour les inthᵗˢ de la somme de cinquante sept livres dix sols appert de la cession et

quittance cy.. vjᶜ Lvij l. x s.

Cotté n° 2 dans laquelle quittance est comprise la somme de trois cent quatre vingt livres que led. sʳ Bouyssou auroit payé aud. sieur Catusse comme resulte de la quittance a luy faicte par led. sieur Catusse le 21ᵉ octobre 1650 la quelle est de luy signée en employe et original soubz la cotte nº 3.

CHAPITRE XVIII.

AUTRE DESPANCE A CAUSE DES EXAMPTIONS DES COMPTABLES DE LEUR ITEM (1) DE TAILHES.

Monsieur Bouyssou premier consul cinquante sept livres seize sols cy.. Lvij l. xvj s.

Monsieur Roualdés la somme de quarante trois livres douze sols dix deniers cy..................................... xliij l. xij s. x d.

Monsieur Darnis premier consul du cartier du pont vieux la somme de deux cens trois livres un sol trois deniers cy......... ijᶜ iij l. j s. iij d.

Monsieur de Vinnac la somme de trente livres cy............ xxx l.

Mʳ Perés la somme de trente livres cy..................... xxx l.

Mʳ Izarn la somme de quarante neuf livres dix sept sols dix deniers et par ce cy...................................... xlix l. xvij s. x d.

Mʳ Chenaux la somme de vingt huit livres dix sols cy.. xxviij l. x s.

Monsieur Boudré la somme de quarante quatre livres treize sols neuf deniers cy..................................... xliiij l. xiij s. ix d.

CHAPITRE XIX.

AUTRE DESPANCE A CAUSE DU SOL POUR LIVRE POUR LA LEVÉE DES SOMMES IMPOSÉES LAD. ANNÉE MIL SIX CENS CINQUANTE OU VÉRIFFICATION ET FACTION DES ROLLES.

Mettent en despance la somme de mil quatre cens nonante une livre unze sous pour le droit de collecte des sommes imposées lad. année cy... jᵐ iiijᶜ iiijˣˣ xj l. xj s.

---

(1) Item de taille, était l'article de la taille, ce qu'ils devaient pour les impôts de ce nom de taille.

Cela démontre que la charge de Consul n'était pas complétement gratuite : avec les chandelles qu'on leur donnait et les banquets qu'ils faisaient au frais de la ville, c'est le troisième bénéfice qu'ils retiraient de cette charge.

Mettent aussy en despance la somme de cent livres pour les gages des alivrateurs quy leur furent taxées lhors de la vériffication des rolles cy.. j^e l.

Appert de la quittance de cinquante livres faicte par Jouffreau un desd. alivrateurs n° j et dautre quittance de cinquante livre faitte par Tessandié soubs cotte n° 2.

Plus mettent en despance la somme de vingt livres taxée aud. Francois Saux secrettaire pour la faction des rolles appert de sa quittance cy .... **xx** l.

N° 3.

CHAPITRE XX.

AUTRE DESPANCE EXTRAORD^{re} A CAUZE DES TROP COTTIZÉS ALIVRES OU DEUX FOIS ESCRIPTS AUSD. ROLLES SUIVANT LES CERTIFFICATS RAPORTÉS PAR LES COLLECTEURS.

Premièremant Pierre Cotture a esté cottizé trois livres pour son industrie bien quil soit cottizé a la tailhe cy............................. iij l.

Appert du certificat de lalivrat^r cotté n° 1.

N° 1.

Jacques pour estre cottize trente sols pour son industrie bien qu'il soit cottizé a la tailhe par ce cy................................... j l. **x** s.

Appert du rolle.

Pierre Descazals pour lindustrie feust cottizé quatre livres quoyque cottizé a la tailhe et par ce cy................................ iiij l.

Idem.

Rousier marchand cottizé quatre livres pour lindustrie bien quil feust cottizé a la tailhe et par ce cy................................ iiij l.

Idem.

Anthoine Valenty cottizé exr̄mant feust descharge de la somme de quatorze livres huit sols trois deniers appert du certificat cy.   xiiij l. viij s. iij d.

Cotté n° 5.

Monsieur Hugonet no^{re} trop cottizé de deux livres dix sols unze deniers appert du certificat cy.............................. ij l. **x** s. xj d.

Cotté n° 6.

Monsieur Tourtonde trop alivré de la somme de trois livres appert du certificat sy .... iij ,

Cotté n° 7.

Jean Miquel est cottizé en deux part la somme de huit livres
cy... viij l.

Vériffié sur le rolle du quartier du pont neuf.

Jean Maffré trop cottizé de la somme de trois livres appert du certifficat
vériffié sur led. rolle cy... iij l.

Anthoine Vidailhat trop cottizé dune livre huit sols appert du certifficat
vériffié sur led. rolle cy .... j l. viij s.

Le boulanger de la bottique de monsieur Delpech ayant esté trop
cottizé appert du certifficat de la somme dune livre vériffié sur led. rolle
cy... j. l.

Jean tailleur dit Lhosté del biez trop cottizé de deux livres dix sols appert
du certifficat vériffié sur led. rolle cy........................ ij l. x s.

François Fontanel tournie trop cottizé de cinq livres appert du certifficat
vériffié sur led. rolle cy.. v l.

Monsieur Marciel procureur aux aydes trop cottizé de trois livres appert
du certificat cy... iij l.

Vérifié sur led. rolle.

CHAPITRE XXI.

AUTRE DESPANCE EXTRAORDINAIRE A CAUSE DE CERTAINS ARTICLES DES
TAILHES DESQUELS LES EXACTEURS NONT PAS ESTÉ PAYÉS.

Premieremant bailhé an reprinse la somme de quarante cinq livre quinze
sols aquoy la maison de monsieur de St-Prochet ou monsieur Daussonne
demeure ayant esté desliberé qu'il ne seroit rien demandé et par ce sera mis
sy.. xlv l. xv s.

Plus la somme de vingt trois livres quatre sols pour litem de la tailhe
de la maison du sieur Verne possedee par messieurs des aydes appert de lexploit de saisie cy.. xxiij l. iiij s.

Cotté n° 2.

Plus la somme de six livres en la quelle Pierre Fourtou hoste auroit esté
cottizé et a suitte deschargé au pied de requeste appert dicelle et ordonnance cy.. vj l.

Cotté n° 3.

AUTRES DENIERS COMPTÉS ET NON RECEUS POUR LES RENTES NON LEVÉES
DANS LANNÉE DE CE COMPTE.

Passé en despance pour les rantes non receues en lannée de ce compte
suivant quil est acostumé.................................... x l. i s.

CHAPITRE XXII.

AUTRES DENIERS COMPTÉS ET NON RECEUS A CAUSE DES NON VALEUR QUY
NONT NY MEUBLES NY FRUIT BAILHÉS EN REPRINSE PAR MONSIEUR CHE-
NAUD CONSUL POUR LE QUARTHIER DE LA BARRE ET RENVOYÉS AUX AUDI-
TEURS.

Premieremant m^r Dadrain y ayant exploit dexecution sept sols cy.   vij s.
Cotté n° 1.

Jorde Pons cordonnier y ayant exploit de dixcussion deux livres sept sols
quatre deniers appert dud. exploit cy................ ij l vij s. iiij d.
Cotté n° 2.

Noble Aymeric de Beaufort y ayant exploit de discussion cinq livres neuf
sols appert dud. exploit cy................................... v l. ix s.
Cotté n° 3.

Les hoirs de Jacques Dany y ayant exploit de discution deux livres cinq
sols cinq deniers appert dud. oxploit cy................. ij l. v s. v d.
Cotté n° 4.

Jean Salauge vinheron y ayant exploit deux livres un sol cy.   ij l. j s.
N° 5.

Arnaud Meric Miraudel y ayant exploit deux livres trois sols appert dud.
exploit cy... ij l. iiij s.
N° 6.

François Calvet vinheron y ayant exploit une livre huit sols deux deniers
cy... j i. viij s. ij d.
N° 7.

Pierre Bru et Marguerite Blanque y ayant exploit une livre seize sols
quatre deniers cy.............................. j l. xvj s. iiij d.
N° 8.

Hoirs de feu m^r Vinhals de Cazals y ayant exploit une livre seize sols quatre deniers cy................................. j l. xvj s. iiij d
N° 9.

François Albouy dit Pithou une livre sept sols trois deniers cy..   j l. vij s. iij d.

N° 10.

Géraud Roaldés y ayant expioit dexecuõn une livre douze sols sept deniers et par ce cy...   j l. xij s. vij d.

N° 11.

Hoirs de Jean Delteil y ayant exploit dexecution quatre livres un sol neuf deniers cy..   iiij l. j s. jx d.

N° 12.

Jacquette de Garric une livre deux sols dix deniers cy...   j l. ij s. x d.

N° 13.

Helix de Carrié vefve a feu François Bouyssou y ayant exploit dexecution la somme de deux livres quatorze sols dix deniers cy...   ij l. xiiij s. x d.

Cotté n° 14.

Anthoine Paucot neuf sols un denier cy....................   ix s. j d.

N° 15.

Hoirs de Monsieur Dadines douze sols quatre deniers et par ce cy...   xij s. iiij d.

N° 16.

Heretiere Dalbiquié de Bardouly dix huit sols deux deniers cy.   xviij s. ij d.

N° 17.

Jean Olier tailheur deux livres six sols quatre deniers cy.   ij l. vj s. iiij d.

N° 18.

Pierre Caput tailheur quatre sols cy.........................   iiij s.

N° 19.

Jean Chansarel seize sols cy................................   xvj s.

N° 20.

Guilhaumette de Babet vefve de Sabatié deux livres dix sept sols appert de lexploit de discussion cy.............................   ij l. xvij s.

Cotté n° 21.

Raymond Cabiolle jardinier une livre douze sols appert de lexploit de diligence cy..   j l. xij s.

Cotté n° 22.

Jeanne Delpech, vefve une livre seize sols quatre deniers cy...   j l. xvj s. iiij d.

N° 23.

Hoir d'Antoine Palezy deux livres quatre deniers cy......   ij l. iiij d.

N° 24.

Pierre Calvet dit Coubragayré treize sols huit deniers cy.   xiij s. viij d.
N° 25.

Margueritte de Salver neuf sols dix deniers cy...........   ix s. x d.
N° 26.

Jeanne de Cantamerlé dix huit sols deux deniers cy.....   xviij s. ij d.
N° 27.

Guilhaume Calvet masson deux livres un sol appert de l'exploit de discussion cy.................................   ij l. j s.
Cotté n° 28.

Hoirs de Pie Carthenas hoste une livre sept sols trois deniers cy..   j l. vij s. iij d.
N° 29.

Claude Calvet vinheron dix neuf sols un denier cy........   xix s. j d.
N° 30.

Heretiere de Pierre Irissou dix huit sols deux deniers cy.   xviij s. ij d.
N° 31.

Hoirs de Guilhaume Bouyssou deux livres un sol y ayant exploit de discution cy....................................   ij l. j s.
Cotté n° 32.

Guilhaume Calvet pour Pie Moles dix huit sols deux deniers cy...   xviij s. ij d.
N° 33.

Guilhaume Boyssere dix huit sols cy......................   xviij s.
N° 34.

Hugues Irissou y ayant exploit de saisie six livres quatre sols six deniers cy.................................   vj l. iiij s. vj d.
Cotté n° 35.

Jean Serres charpantier une livre sept sols trois deniers cy.   j l. vij s. iij d.
N° 36.

Monsieur Goudonnier y ayant exploit une livre seize sols quatre deniers cy...   j l. xvj s. iiij d.
Cotté n° 37.

Pierre Sanet y ayant exploit deux livres trois sous six deniers cy..   ij l. iij s. vj d.
Cotté n° 38.

Guilhaume Drilheres quatre livres six sols quatre de cy.   iiij l. vj s. iiij d.
N° 39.

Pierre Pons dit Barbé de Bouydou y ayant exploit de discution une livre un sol dix deniers cy.. j l. j s. x d.
-N° 40.

Raymond Gisbert plus jusne deux livres douze sols quatre deniers y ayant exploit de discuōn cy............................... ij l. xij s. iiij d.
N° 41.

Jean Pons fils d'Anthoine une livre un sol dix deniers y ayant exploit cy.. j l. j s. x d.
N° 42.

Dondé Gisbert et Cebeilhe de Pons quatre livres quatre sols un denier y ayant exploit de saisie cy........................ iiij l. iiij s. j d.
N° 43.

Pierre Tonhade de Meranes y ayant exploit de saisie neuf sols un denier cy.. ix s. j d.
N° 44.

Bernard Sartre y ayant exploit dexecaōn dix huit sols deux deniers cy... xviij s. ij d.
N° 45.

Estienne Boscamon seize sols y ayant exploit cy.............. xvj s.
N° 46.

Jean Pons de lhoir y ayant exploit de saisie neuf sols un denier cy... ix s. j d.
N° 47.

(1) MASAGE DASTORG

Guilhaume Lavernhe quatre livres dix sols six deniers cy.   iiij l. x s. vj d.
N° 48.

Margueritte de Merenes y ayant exploit dexecution quatre livres six deniers cy.. iiij l. vj d.
N° 49.

Jean Cayrol et Jeanne Dujol y ayant exploit neuf sols dix deniers cy... ix s. x d.
N° 50.

---

(1) Le masage, était un fonds appartenant à une même personne, mais divisé en plusieurs parties affermées à différents paysans.

Fabio de Pradines y ayant exploit de saisie une livre un sol dix deniers cy.. j l. j s. x d.

Nº 51.

Jean Cayrol y ayant exploit de saisie trente sols huit deniers cy.. xxx s. viij d.

Nº 52.

Bernad Sanhe de Marenes y ayant exploit seize sols cy........ xvj s.

Nº 53.

Petit fils de Filhol une livre neuf sols huit deniers cy. j l. ix s. viij d.

Nº 54.

Jean Arlias boulanger deux livres dix sols six deniers cy. ij l. x s. vj d.

Nº 55.

Margueritte de Pie dix huit sols deux deniers y ayant exploit de saisie cy... xviij s. ij d.

Nº 56.

Francois Frejaville y ayant exploit de saisie douze livres un sol cy... xij l. j s.

Cotté nº 57.

DE CEUX QUY NONT MAISON NY MEUBLES.

Monsieur Lobatieres procureur trois livres cy................ iij l.

58.

Monsieur Travertier procureur la somme de trois livres cy..... iij l.

59.

Le cordonnier qui demeure a la bottique de Gailhard ayant quitté une livre dix sols cy................................ .... j l. x s.

60.

Gose huissier deux livres dix sols cy..................... ij l. x s.

61.

Jean demeurant à la bottique d'Anthoine Bonet une livre cy...... j l.

62.

PONT NEUF DU COMPTE RANDEU PAR LE SIEUR VIALATE.

Les hoirs de Soyé pbre une livre sept sols trois deniers cy. j l. vij s. iij d.

63.

Les hoirs de Pierre Joacines cinq sols cy...................... v s.
64.
Hoirs de Miquel Paucot seize sols cy........................ xvj s.
65.
Hoirs de Contival neuf sols cy.............................. ix s.
66.
Bertrand Salmontet une livre huit sols cy................ j l. viij s.
67.
Arnaude Massabie dix huit sols cy........................ xviij s.
68.
Jean Pourra cardeur une livre douze sols neuf deniers cy.   j l. xij s. ix d.
69.
Heretiere dEstienne Molebire une livre dix huit sols cy...   j l. xviij s.
70.
François Solié quatre sols sept deniers cy..............   iiij s. vij d.
71.
Pierre Redoules une livre dix huit sols cy..............   j l. xviij s.
72.
Francois Granie une livre douze sols cy.................   j l. xij s.
73.
Hoirs de Monsieur Issaly trois livres douze sols cy........   iij l. xij s.
74.
Raymond Nadal deux livres quinze sols cy...............   ij l. xv s.
75.
Louys Gouygnou deux livres douze sols cy...............   ij l. xij s.
76.
Jean Pierre une livre cinq sols cy.......................   j l. v s.
77.
Estienne Guarrigues une livre un sol cy..................   j l. j s.
78.
Margueritte Soulié et Geraud Maraval trois livres neuf sols cy.   iij l. ix s.
79.
Pierre Tauriat fils de Jean seize sols cy...................   xvj s·
80.
Balthazar Fabrie quatre livres un sol cy.................   iiij l. j s.
81.
Jean Boucarel et Jeanne Bonnette une livre dix sols cy......   j l. x s
82.

André Fournie deux livres quatorze sols cy.............. ij l. xiiij s.

83.

Astrugue Escariere une livre deux sols cy................. j l. ij s.

84.

Jean Pinede une livre trois sols cy...................... j l. iij s.

85.

Pierre Bru une livre cy................................... j l.

86.

Raymond Palesy sept sols cy.............................. vij s.

87.

Jean Fournie une livre cinq sols cy..................... j l. v s.

88.

Pierre Lalande treize sols huit deniers cy............. xiij s. viij d.

89.

Geraud Ségalla seize sols et par ce cy.................. xvj s.

90.

Jean Granouilhat cinq livres quatre sols cy............. v l. iiij s.

91.

Barthelemy Clary trois livres huit sols cy............. iij l. viij s.

92.

Gaye quatre sols six deniers cy........................ iiij s. vj d.

93.

Geraud Bruget quatre sols six deniers cy............... iiij s. vj d.

94.

Pierre Pinede tuillier deux livres un sol dix deniers cy. ij l. j s. x d.

95.

Raymond Barthe une livre un sol cy................. .... j l. j s.

96.

Jacques Pendarie douze sols quatre deniers cy........... xij s. iiij d.

97.

Bernard Carrié dix sept sols cy.......................... xvij s.

98.

Monsieur Compaing procureur en la cour des aydes pour navoir maison ny meub^e trois livres cy........................... iij l.

99.

Monsieur Bensse procureur trois livres cy................. iij l.

CHAPITRE II.

AUTRES DERNIERS COMPTES ET NON RECEUS ET PASSÉS AUX COMPTES DE VIALATE.

Trassy advocat feust cottizé en lannée mil six cens quarante neuf et mil six cens cinquante la somme de dix neuf livres cinq sols et ne possede dans la presant ville qune meschante maison laquelle led. Vialate fist decreter appert de la sen^ce du decret et par ce sera passé en reprinse cy.   xix l. v. s.

Cotté n° 101.

Mettent en despance la somme de six livres pour la saisie rapport et expédion de la sen^ce quy feust passé aud. Vialate cy................   vj l.

Feu Durand Massip et Bernade Fourniere habitans de Cabanie feurent cottizé dix huit livres quinze sols pour certains biens abandonnés et en friche lesquels led. Vialate fist saisir lannée mil six cens quarante six en qualité de collectour et auroit bailhé en reprinse ledit article comme appert dun extrait dicelluy et par ce en reprinse comme ayant esté passé aud. Vialate en son compte cy................................   xviij l. xv s.

Led. acte cotté n° j au chapitre 18 des comptes de 1649.

Jean Filhat tailheur feust cottizé la somme de treize livres six sols pour certains biens qu'il a abandonnés ayant faict distribution des biens que led. Vialate fist saisir appert du decret et partant en reprinse comme ayant esté passé aux comptes de Vialate et par ce cy..............   xiij l. vj s.

Ausd. comptes et chapitre n° 2.

Est mis en despance la somme de trente deux livres passée aud Vialate pour le descheit de quatre vingt cinq piastres quil auroit prinses a cinquante huit sols piesso et renvoyés devant les auditeurs pour estre alloué cy...   xxxij l.

CHAPITRE XXIII.

PONT VIEUX DU COMPTE RENDU PAR ALBIQUIÉ.

Premieremant Jean Verilhes dix huit sols deux deniers appert de l'exploit de saisie cy......................................   xviij s. ij d.

Cotté n° 1.

Hoirs d'Arnaud Boniave trois livres douze sols huit deniers appert de lexploit cy.. iij l. xij s. viij d.

N° 2.

Anthoine Hebrard une livre douze sols neuf deniers appert de lexploit cy.......... .... j l. xij s. ix d.

Cotté n° 3.

Guilhaume Andrieu une livre seize sols quatre deniers cy. j l. xvj s. iiij d.

N° 4.

Heretiers de Jeanne de Gasc neuf sols un denier appert de lexploit cy... ix s. j d.

N° 5.

Hoirs d'Anthoine Clary quinze sols un denier appert de l'exploit cy... xv s. j d.

N° 6.

Heretiers de Mr Parad^e prieur de Th^e une livre sept sols trois deniers appert de lexploit cy................................... j l. vij s. iij d.

N° 7.

Heretiers de Guilh^o Rey trois livres douze sols huit deniers cy... iij l. xij s. viij d.

N° 8.

Heretiers de Pierre Seguy deux livres dix sols appert de lexploit cy... ij l. x s.

Cotté n° 0.

Hoirs de François Gasq quatre livres dix sept sols huit deniers appert de lexploit cy.. iiij l. xvij s. viij d.

N° 10.

Marie de Melines une livre quatorze sols un denier appert de lexploit cy... j l. xiiij s. j d.

N° 11.

Anthoine Vidon deux livres six sols quatre deniers appert de lexploit cy... ij l. vj s. iiij d.

N° 12.

Heretiere de Jean Soulié deux sols trois deniers appert de lexploit cy... ij s. iij d.

N° 13.

Hoirs de monsieur Gasc con^er quinze sols unze deniers appert de lexploit cy... xv s. xj d.

Cotté n° 14.

Jeanne et Catherine Gasq neuf sols un denier appert de lexploit cy.. ix s. j d.

N° 15.

Hoirs de Bringou Mercadier neuf livres neuf sols trois deniers appert de lexploit cy.................................... ix l. ix s. iij d.

N° 16.

Bernard Gautie une livre dix sept sols trois deniers appert de lexploit cy.. j l. xvij s. iij d.

N° 17.

Jean Alric deux livres seize sols quatre deniers appert de lexploit cy.. ij l. xvj s. iiij d.

N° 18.

Pierre Litré deux livres quatorze sols six deniers cy.   ij l. xiiij s. vj d.

N° 19.

Hoirs de M. Jacques Lucarn six sols deux deniers appert de lexploit cy... vj s. ij d.

N° 20.

Heretiers de Bertrand Clary dix huit sols appert de lexploit cy.   xviij s.

Cotté n° 21.

Anne Juilhane une livre sept sols trois deniers appert de lexploit cy...................................... j l. vij s. iij d.

Cotté n° 22.

Astrugue Gilliberte dix huit sols deux deniers appert dexploit cy..................................... xviij s. ij d.

N° 23.

Estienne Carrié dix huit sols deux deniers appert de lexploit cy....................................... xviij s. ij d.

N° 24.

Jean Larnaudie deux livres un sol appert dexploit cy.......   ij l. j s.

N° 25

Heretiere de Pierre Carcavy trois lives un sol quatre deniers appert de lexploit cy................................... iij l. j s. iiij d.

N° 26.

Heretiere de Pierre Pinede dix huit sols deux deniers appert de lexploit cy..................................... xviij s. ij d.

N° 27.

Anthoinette Combes neuf sols un denier appert de lexploit cy.   ix s. j d.

Cotté n° 28

Hoirs de Barthelemy Barriere dix huit sols deux deniers
cy.. xviij s. ij d.
N° 29.

Heretiers d'Anthoine Bilhard deux livres sept sols appert de l'exploit
cy.. ij l. vij s.
N° 30.

Jean Balitrand masson huit livres six sols six deniers appert de texploit
cy.. viij l. vj s. vj d.
N° 31.

Heretiere de Mᵉ Martiny dix huit sols deux deniers appert de l'exploit
cy.. xviij s. ij d.
N° 32.

Heretiere de Francois Disses une livre quatorze sols un denier
cy.. j l. xiiij s. j d.
N° 33.

Anthoine Lacavalerie une livre trois sols huit deniers appert de lexploit
cy.. j l. iij s. viij d.
N° 34.

Margueritte Disse une livre cinq deniers appert de lexploit cy.   j l. v s.
N° 35.

Pierre Danis quatorze sols sept deniers appert de lexploit cy.   xiiij s. vij d.
N° 36.

Jeanne Pinede quatorze sols sept deniers appert de lexploit
cy.. xiiij s. vij n.
N° 37.

Guilhaume Minhot deux livres dix neuf sols un denier appert de lexploit
cy.. ij l. xix s. j d.
N° 38.

Anthoine Jeanne et Pierre Pinede vne livre unze sols dix deniers appert
de lexploit cy.. j l. xj s. x d.
N° 39.

Heretiere de Pierre Pinede six sols dix deniers appert de lexploit
cy.. vj s. x d.
N° 40.

Hoirs de Francois Albouy trois livres quinze sols appert de lexploit
cy.. iij l. xv s.
N° 41.

Astrugue Pinede trois livres trois sols neuf deniers appert de lexploit cy.. iij l. iij s. ix d.

Cotté n° 42.

Heretiers de Raymond Pinede Cabrie quinze sols unze deniers appert de lexploit cy.. xv s. xj d.

N° 43.

Jean Genso gascon neuf sols un denier appert de lexploit cy.   ix s. j d.

N° 44.

Heretiere d'Anthoine Alegré une livre unze sols appert de lexploit cy .... j l. xj s.

N° 45.

Heretiere de Guilhaume Vayssiere quatre sols sept deniers appert de lexploit cy.. iiij s. vij d.

N° 46.

Bernard Taberly deux livres six deniers appert de lexploit cy.. ij l. o s. vj d.

N° 47.

Dande Bouery treize sols huit deniers appert de lexploit cy.. xiij s. viij d.

N° 48.

Heretiere de Lespinasse neuf sols six deniers appert de lexploit cy.. ix s. vj d.

N° 49.

Pierre Chapet une livre cinq deniers appert dexploit cy.....   j l, v d.

Cotté n° 50.

Pierre Bruel une livre seize sols quatre deniers appert de lexploit cy... j l. xvj s. iiij d.

Cotté n° 51.

Anthoine Sallart une livre sept sols trois deniers appert de lexploit cy... j l. vij s. iij d.

N° 52.

Pierre Abriol trois livres un sol quatre deniers appert de lexploit cy... iij l. j s. iiij d.

N° 53.

Hugues Calcounié trois livres trois sols sept deniers appert dexploit cy... iij l. iij s. vij d.

N° 54.

Pierre Durand dix huit sols deux deniers appert de lexploit
cy... xviij s. ij d.
N° 55.
Jean Bathud cardeur une livre appert dexploit cy.............. j l.
N° 56.
Monsieur Delom pro^r trois livres appert de lexploit cy......... iij l.
N° 57.
Monsieur Comunal procureur trois livres appert dexploit cy..... iij l.
Cotté n° 58.
A esté passé et renvoyé aux auditeurs la somme de vingt livres pour la
faction des exploits de diligence quy est mise despance pour estre allouée
cy.. xx l.

CHAPITRE XXIV.

AMTRES DENIERS COMPTES ET NON RECEUS A CAUSE DES NON VALEURS
QUY NONT NY MEUBLES NY FRUITS BAILHÉS EN REPRINSE PAR PRADIE
EXACTEUR DE VALANDRÉS.

Premierem^t Geraud Benezet quatre sols sept deniers appert de lexploit de
discussion cy... iiij l. vij d.
Cotté n° 1.
Hoirs d'Anthoine Born vinheron neuf sols un denier cy..... ix s. j d.
N° 2.
Heretiere de Fermy Biousse trois livres dix huit sols huit deniers
cy... iij l. xviij s. viij d.
N° 3
Francois Courtois teinturier deux livres dix sept sols cy.. ij l. xvij s.
N° 4.
Pierre pour Gargalhol quatre sols sept deniers cy....... iiij s. vij d.
N° 5.
Guilhaume Moules dit Lourat neuf sols un denier cy........ ix s. j d.
N° 6.
Jeanne de Gisbert dix huit sols deux deniers cy........ xviij s. ij d.
N° 7.
Anthoine Sotoul une livre dix huit sols sept deniers cy. j l. xviij s. vij d.
N° 8.

Jean Dambés dix huit sols deux deniers et par ce cy.... xviij s. ij d.
Cotté n° 9.

Anthoine Limayrac sept livres quatre sols cy........... vij l. iiij s.
N° 10.

Jean et Gabrielle Lugansse six sols dix deniers cy....... vj s. x d.
N° 11.

Heretiers de Me Jean Cousture cinq livres cy............ v l.
N° 12.

Heretiers de Hugues Baldy la somme de Bassal une livre sept sols sept
deniers cy........ .... j l. vij s. vij d.
N° 13.

Heretiers de Guillaume Ferrié huit livres huit sols un denier
cy... .... viij l. viij s. j d.
N° 14.

Anne de Roques une livre dix neuf sols un denier cy.. j l. xix s. j. d.
N° 15.

Jean Galtié quatre livres dix sols dix deniers cy...... iiij l. x s. x d.
Cotté n° 16.

Marie Mausson vefve deux livres douze sols trois deniers
cy............................. .... ij l. xij s. iij d.
N° 17.

Arnaud Bernet travailheur trois livres cinq sols dix deniers
cy... iij l. v s. x d.
N° 18.

Pierre Rouffié une livre douze sols neuf deniers cy.... j l. xii s. ix d.
N° 19.

Peyre Bayrou Desclauzels deux livres .cinq sols cinq deniers
cy .... ij l. v s. v d.
N° 20.

Olivie Campet une livre trois sols huit deniers cy... j l. iij s. viij d.
N° 21.

Damoiselle Marie de Caussade sept livres trois sols cy.... vij l. iij s.
N° 22.

Anthoine Alard jusne huit livres trois sols cy...... .... viij l. iij s.
N° 23.

Heretiers de Pierre Valet une livre seize sols quatre deniers
cy.. j l. xvj s. iiij d.
N° 24.

Jean Arnal la barre une livre seize sols quatre deniers cy.   j l. xvj s. iiij d.
N° 25.

Hoirs dAnthoine Bru six livres unze sols neuf deniers cy.   vj l. xj s. ix d.
N° 26.

Hoirs de Geraud Luga une livre cinq sols cy............   j l. v. s.
N° 27.

Anthoine Restelly quatre livres six sols quatre deniers cy   iiij l. vj s. iiij d.
N° 28.

Heretiers de Mr Irles une livre seize sols quatre deniers cy   j l. xvj s. iiij d.
N° 29.

Heretiers de Pierre Durrieu no^re neuf livres un sol huit deniers
cy..   ix l. j s. viij d.
N° 30.

Mr Davy recteur de Rasseils dix livres neuf sols cy....   x l. ix s.
N° 31.

Pierre Mouriau treize sols huit deniers cy.............   xiij s. viij d.
N° 32.

Le scindiq de lhospital St Jacques vingt deux livres douze sols quatre
deniers cy................................   xxij l. xij s. iiij d.
Cotté n° 33.

Monsieur Delper marchant quatre livres un sol neuf deniers
cy..   iiij l. j s. ix d.
Cotté n° 34.

Les peres Cordelliers une livre sept sols trois deniers cy..   j l. vij s. iij d.
N° 35.

Jeanne Alazarde quatre livres dix sols six deniers cy.   iiij l. x s. vj d.
N° 36.

Bernard Molinié quatre sols un denier cy...............   iiij s. j d.
N° 37.

Vincens Gout unze sols quatre deniers cy...............   xj s. iiij d.
N° 38.

Hoirs de Jean Campet la somme de deux livres cinq sols cinq deniers
cy..   ij l. v s. v d.
N° 39.

Anthoine Salabert une livre quinze sols cy............   j l. xv s.
N° 40.

Les Hermites dix huit sols deux deniers cy............   xviij s. ij d.
N° 41.

Jean Guilh^e Roudés six livres dix neuf sols cinq deniers cy.　　vj l. xix s. v d. N° 42.

Pierre Lascombes une livre cy............................... j l. Cotté n° 43.

Pierre Dumas Courrieu chapellier une livre dix sols cy..... j l. x s. N° 44.

Jean Frayssy masson dix sols cy............................. x s. N° 45.

Arnaud Filhero dix sols cy.................................. x s. N° 46.

Jean Chazanenc une livre cy................................ j l.

Pour les fraix des exploits ou despances vingt livres et parce cy　xx l.

Pour avoir faict dresser les presents comptes les avoir faict mettre au net et veilhé iceux trente livres suivant la coustume, cy....　xxx l.

Bonyssou consul
lannée du present compte
Roaldes consul
J. Chenaud consul

Borrosse curateur de lad. dam^{elle} Jeanne de Vinnac filhe et herétiere de feu Mr Guill^e Vinnac procu^r et consul recepveur lannée des presants comptes des quels je fais la remise en la susd^e qualitté.

Pardevant Messieurs les Consuls scindiq et trante deux auditeurs des comptes de la ville de Caors assemblés dans la grand salle de la Maon consulaire dicelle compagnie en corps diceux bourgeois et habitans a esté procedé advec Mr Saux a laudion examen verifficaon et lecture du presant compte présanté et randu en juillet d. an par messieurs les consuls de lannée mil six cens cinq^{te} au prealable assuré par les contables construit arresté en premier lieu venant veriffié les receptes a esté trouvé que la recette des esmoluments de la d. année 1650 monte la somme de quatre mille vingt et une livre dix sous La recepte de la Tailhe et autres Impoions de la d. année comprins le seizie de Laroque monte trante un mille quatre cens quatre vingt seize livres treize sous deux deniers, la recepte de la rante soixante dix huit livres dix sept sous dix d^{ers} La recepte de luniversité deux mille sept cens livres. La recepte damandes ou receptions dhabitans de la d. année 1650 soixante dix sept livres dix sous. La recepte des repparaons et fortifficaons huit cens livres en blot toutes les receptes montent reunies a la somme de trante neuf mille cent soixante quatorze livres dix sous. Et venant aux despances allouées au compte a esté vériffié que la despance ord^{re} monte deux mille deux cens soixante une livre sept sous six de^{ers} La despance de Luniversité deux mille sept cens livres. La despance de lart^{le} de la Tailhe de lad. annee 1650 monte deux mille cinq cens soixante six livres six sous cinq den^{ers}. Et en liquidaon faicte sur le fait de la taille et deniers du roy pour lentretien et subsistance des régimans de la Millaray et de la Serre Aubeterre qui auroint longtems demeuré en garnison dans la d. ville par ordre du Roy inscrit est scavoir dicelluy de la Milheray cinq mille trois cens cinquante livres quinze sous. Et dicelluy de Lasserre Aubeterre seize mille six cens quatre vingt dix sept livres aux articles desquelles despances a este respondeu que les contables rapporteroint quittance du rendemant des Tailhes a la descharge de la ville dans le mois premieremant article entier rayé et depuis porté lentier alloué en la despance. La despance faicte pour le payemant des intherest de ce que la ville doibt en land. auroit monté trois mille cent livres dix sept sous neuf den^{rs}. La despance extraord^{re} faicte en voyage est trouvée mille trois cens trante livres un sol. Autre despance extraord^{re} allouée quatre vingt dix huit livres dix sous. Autre despance faicte pour lenvoy de diverses despeches de Monseigneur le duc Despernon deux cens quarante sept livres quatorze sous. La despance a cause des procès deux cens soixante quatre livres quatre sous. La despance en repparons et fortifficaons cinq cens soixante dix livres sept sous neuf den^{rs}. La despance faicte a cause des fraix et munitions de guerre sans y toucher les articles de la poudre alloués dont les contables doibvent randre compte suivant les apostilles respondu monte huit cens soixante deux livres dix sous. Les rabais cinq^{te} trois livres. La despance du louage des boucheries quatre vingt deux livres dix sous : Autre despance de la vérifficaon de la Taille cinquante une livre dix sous. La despance de lexemption des contables de cinq cens quarante livres. La vériffication des Rolles de la Taille et autres imposions de la d. annee mille quatre cens quatre ving unze livres un sol Gages dalivrateurs ou fasson des rolles de la Tailhe cent ving livres La despance des non valeur trop alivrés ou deux fois faits allouée monte deux cens livres Et la Tailhe de la maion de St Projet ou habite Monsieur le premier présidant de la cour des aides ou d'icelle de Verne jointe au pallais de la d. cour soixante neuf livres rantes non levées dix livres un sol et trante livres pour la faction du p^{ant} compte En blot toutes les despances montent premieremant a la somme de trante huit mille trois cens unze livres unze sols cinq d^{rs} et partant les contables doibvent a la ville des comptes portés sur la recepte plus grande que

la despance de la somme de huit cens soixante deux livres dix neuf sous cinq
d^{rs} de la quelle il faut distraire cent neuf livres pour les fraix ordinaires de
laudion du p^{ant} compte restant estre dub par les contables de lan et net de
compte sept cens cinquante trois livres dix neuf sous cinq d^{rs} la quelle jointe
avec la somme de unze cens cinquante neuf livres huit sous neuf deniers de
laquelle les contables se sont trouvés debiteurs envers la ville *par la closture*
du compte de lannee precedante 1649 revient en blot touttes defalcations
faictes a dix neuf cens treize livres sept sous De laquelle les contables sont
debiteurs et reliquataires de clair et de net sauf estant erreurs de compte et
de calcul a coucher par dessus les comptes que les contables doibvent randre
pour lenploi de la faction du nouveau cadastre et au^{tres} Impons resultant des
delibérations prinses sur les susdits en presidant a laudion des comptes et sont
degagés de tout ci dessus non trouvé au calcul nous sommes desgagés aussy
Caors le seiziesme jour du mois de May mil six cens cinq^{te} huit

JAUFEREAU calculateur

ROUSSEL calculateur

www.ingramcontent.com/pod-product-compliance
Lightning Source LLC
Chambersburg PA
CBHW051613060726
47597CB00004B/1268